创新创业工具丛书·第一册

九步创业法

［中国］陈思慧（Sihui CHEN）　朱福全（Jerome ZHU）
　　　　陈　晴（Qing CHEN）　孙启新（Qixin SUN）
［法国］米歇尔·贝纳斯科尼（Michel BERNASCONI）　　著
　　　　多米尼克·维昂（Dominique VIAN）

上海财经大学出版社

图书在版编目(CIP)数据

九步创业法/陈思慧,朱福全等著.—上海：上海财经大学出版社,2017.7
(创新创业工具丛书)
ISBN 978-7-5642-2703-6/F·2703

Ⅰ.①九… Ⅱ.①陈… ②朱… Ⅲ.①创业—基本知识 Ⅳ.①F241.4

中国版本图书馆CIP数据核字(2017)第075592号

□ 责任编辑　何苏湘
□ 封面设计　张克瑶
□ 美工插图　赵苏炜

JIUBU CHUANGYEFA
九 步 创 业 法

[中国] 陈思慧　朱福全　陈　晴　孙启新
[法国] 米歇尔·贝纳斯科尼　多米尼克·维昂　　著

上海财经大学出版社出版发行
(上海市中山北一路369号　邮编200083)
　　网　　址：http://www.sufep.com
　　电子邮箱：webmaster@sufep.com
全国新华书店经销
上海雅昌艺术印刷有限公司印刷装订
2017年7月第1版　2017年7月第1次印刷

787mm×1092mm　1/16　9印张　129千字
印数：1—4000　定价：88.00元

这些都是知名创新创业导师，他们将与读者们一起，通过九步创业法，演示如何管理创业，应对创新创业问题。

九步创业法

陈思慧

苏州安赢企业管理服务有限公司董事长，九步创业法中方专家

朱福全

苏州知盟创新创业管理研究中心主任，九步创业法中方专家

陈 晴

科技部火炬高技术产业开发中心孵化器管理处处长、高级工程师、九步创业法中方专家

米歇尔·贝纳斯科尼

欧洲创新创业硕士项目奠基人，法国 SKEMA 商学院教授，九步创业法外方专家

孙启新

科技部火炬高技术产业开发中心孵化器管理处副处长、九步创业法中方专家

多米尼克·维昂

法国 SKEMA 商学院教授，ISMA360 发明人

感谢以下朋友和机构，在九步创业法的形成过程中，给予关键的、无私的帮助。

- 法国 SKEMA 商学院
- 欧朗物联硬创空间
- 北京英诺特生物技术有限公司
- 深圳清源投资管理股份有限公司

- 北京奇虎科技有限公司
- 达安创谷孵化器
- 东创科技园
- 苏州织造品设计师众创空间

- 程钢先生
- 张晓东先生
- 钱龙先生
- Philippe · CHEREAU
- 沈春晖先生

- 龚昱先生
- Dominique JOLLY
- 徐健先生
- Tony · Gao
- 马宏伟先生

请访问九步创业法

WWW.XJ-SKEMA.ORG

采用九步法，抓住思考和行动的重点，创业不难！
在创业管理过程中，积极地把不确定性转化为确定性！

九步创业法

目录 CONTENTS

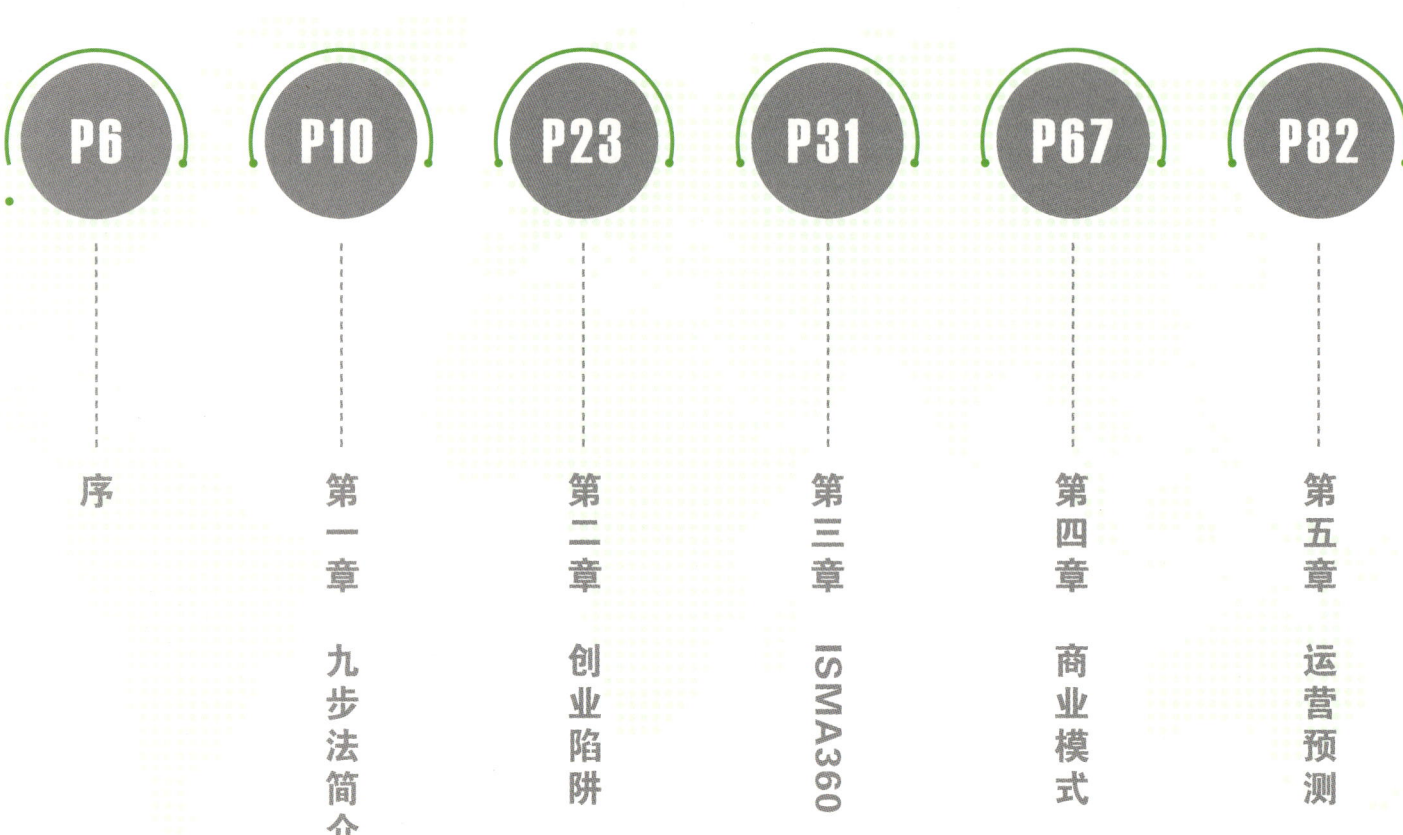

- **P6** — 序
- **P10** — 第一章 九步法简介
- **P23** — 第二章 创业陷阱
- **P31** — 第三章 ISMA360
- **P67** — 第四章 商业模式
- **P82** — 第五章 运营预测

九步创业法

目录 CONTENTS

- P91 第六章 商业计划书
- P98 第七章 游说内容
- P103 第八章 商业推广
- P109 第九章 团队沟通
- P115 第十章 销售管理
- P122 后记

九步创业法

序

陈思慧

创新创业过程充满了风险和不确定性，成功者甚少，失败反而是一种常态。也就是说，多数创新创业者，其认知和行动的结果与市场之间出现了无法纠正的偏差。《九步创业法》的目标，就是帮助创业者及时发现和纠正针对下列思考产生的偏差：

我们是否遇到了导致创业失败的常见问题？

我们该如何捕捉创业机会？

我们做出了正确的选择吗？

我们是否在做正确的事？

我们应该设定哪些目标？

我们是否偏离了目标？

我们如何应对一项重要而具体的创业问题？

发现正确的问题和正确地应对问题，在创新创业管理过程中同等重要，多数创业者会固执己见，直到事与愿违，才会如梦初醒，但此时已经没有足够的时间与金钱来承受犯错的成本了。如何保持创新创业的"灵活性"，及时发现和快速有效的应对问题，是摆在创新创业者面前的一道难题。

我们认为，在创业中应对具体运营问题时，更需要创业者的理性思维和正确方法，《九步创业法》通过将客观方法融入9个工具，帮助创业者从商业运营角度分析和应对具体问题，引导创业者注重客观事实或者可量化的结果（而非抽象的观点），这既有助于创业者快速有效的解决现实问题，又可以在实践中补充和提升他的关键能力，这些关键能力包括对创业问题性质的分析、创业想法试错、构建商业模式、运营预测、商业计划、融资、团队管理、进入市场等等，创业者的行动必须不断取得切实的成果，才能在创业之路上走得更远。

在发明《九步创业法》的过程中，我们参考分析了欧美的大部分经典创业案例和孵化器管理案例，欧洲与美国不同，创业人口基数少，如何保障多数创业者获得成功成为欧洲社会保持活力的关键，为此有五十多家孵化器通过职业化服务，由掌握相应创业工具的创业辅导师来帮助创业者进行创新创业这项事业。创业辅导师与外部导师不同，他们的时间、精力、技能都专注于帮助创业者分析和应对创业关键问题，在一年甚至更长的项目服务期内，补充并提升创业者缺失的创业技能。欧洲孵化器的实践证明，创新创业是可教可学的，按照一定的逻辑和相应的工具方法，创业活动可以严谨的展开。中国目前进入"大众创业、万众创新"时代，如何高水平地保障创业成功及风险投资的安全与收益，提高创业者技能，促进孵化器和众创空间行业的发展，这是我们发明《九步创业法》的初衷。

创业者并不需要投入大量的时间来学习《九步创业法》，因为这9个方法和相应的工具分别应对创业不同阶段的不同问题，所以创业者只需在创业过程顺次使用，直接应对问题，如果有熟悉九步创业法的导师或者辅导师帮助创业者一起使用，效果会更好。本书的后记部分，创业导师许勃先生用亲身经历，讲述了创业辅导如何帮助创业者解决具体问题，读者会得到很好的启发和使用经验。

《九步创业法》已经开发出软件，它们能简化创业项目内容编写的工作，并能够在运营预测中，直接形成财务数据的编辑结果，减少专业性工作带来的烦恼。

这是我国第一套可供创业辅导师使用的专业工具书，图文并茂，读者可以轻松愉快的学习9个专业工具的使用，衷心希望读者们喜欢这本书，并将它用在工作中，取得事业的发展与成功！

本书在编写过程中，研究和借鉴了部分国内外文献，在此一并表示诚挚的谢意。限于时间和水平，本书定有不足之处，恳请行业专家和读者们指正。

如果你是创业者，你希望成功是源于（可多选）：

○ 运气好，选对了时机。

○ 懂行，有行业经验。

○ 积累，有客户资源。

○ 产品棒，轻松进入市场。

○ 资金充裕，可以多次试错。

○ 主动应对问题，避免重大的失误！

如果你选择中有最后一项，没有把创业的成功完全交给运气、技术、经验、资源，那么本书正是为你而作，本书希望通过专业方法，帮助你积极应对创新和创业问题。

创业的困惑与魅力都在于未来的不确定性，而成功者善于在创业管理过程中，把这些不确定性积极转变为确定性！

虽然创业并不等于一定犯重大错误，但是因为多数创业者经验、能力、资源上的欠缺，创业期企业犯错的概率明显高于其他阶段的企业，同时，因为资金有限，迫使创业者不断选择和行动，这可能陷入混乱，有限的现金往往撑不过纠错期，就引致失败。

本书要向你展示的，就是创业管理的完整方法，很多问题可以事先发现和面对。

第一章

九步法简介

综述

什么是九步创业法？

创业成功的企业，并不是因为它解决了所有问题，而是围绕正确的目标，解决了关键问题，并得以生存。

"九步创业法"经过中法专家近 5 年研发，开创性地将创业分成 9 个步骤，采用 9 个工具发现和应对每个步骤的关键问题（见图 1-1）。

每个工具都可以单独使用，而顺次组合使用将更易于及时发现和应对创业不同阶段所面临的关键问题，帮助创业者降低犯错误的几率。

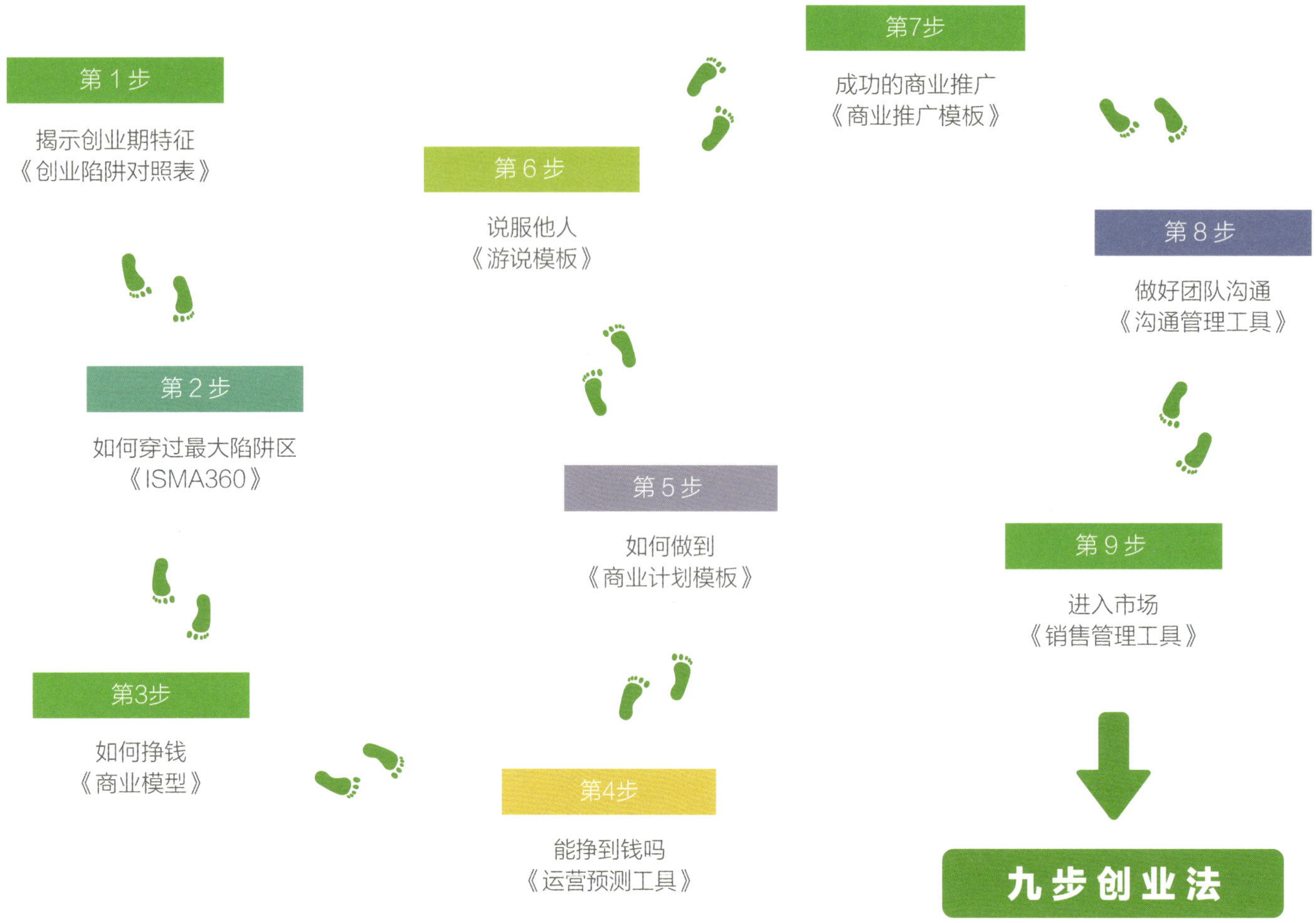

九步创业法

第一章 九步法简介

第1步 揭示创业期特征 《创业陷阱对照表》

第2步 如何穿过最大陷阱区 《ISMA360》

第3步 如何挣钱 《商业模型》

第4步 能挣到钱吗 《运营预测工具》

第5步 如何做到 《商业计划模板》

第6步 说服他人 《游说模板》

第7步 成功的商业推广 《商业推广模板》

第8步 做好团队沟通 《沟通管理工具》

第9步 进入市场 《销售管理工具》

→ 九步创业法

图 1-1 九步创业法

为什么是 9 个工具？

第1步：
揭示创业期特征

工具 1

创业陷阱对照表 >>

　　我们处于创业的哪个阶段？有哪些主要特征？哪些陷阱是导致失败的主要原因？我们有没有处在这些陷阱当中？

第 2 步：
如何穿过最大陷阱区

工具 2

ISMA360 »

多数创业者一开始就选择了错误的方向！没有将创新与营销结合思考，是导致创业失败的最大原因！如何试错，如何确定需求、客户、产品、定价、渠道？

第3步:

如何挣钱

工具 3

商业模型 》》

有多少商业模式？我们选择哪一种商业模式？我们商业模式的核心是什么？我们做什么？不做什么？谁是合作伙伴？我们如何获取价值？

第4步：

能挣得到钱吗？

工具 4

运营预测工具 >>

对未来的运营进行预测，要花多少钱？在哪些项目花钱？确定是否可以挣钱？需要多少投资？如果数据结果不理想，原因在哪个环节？

第5步：
如何做到

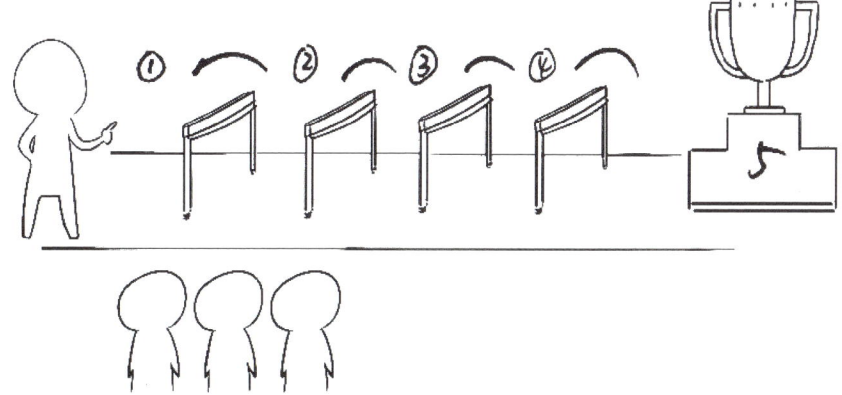

工具5

商业计划模板 >>

  好的商业计划步骤清晰，简洁明了，真实可行，既有利于说服投资人，也是我们未来行动的指南，复盘的参照，所以它不只是做什么，如何做，更是如何做到，对创业者职业能力是一次关键提升！

第6步：
说服他人

第一章 九步法简介

工具 2

游说模板 >>

　　创业者要在任何公关场合传播自己的公司，该如何面对投资人、合作伙伴、员工，快速有效的影响他们？

第7步：
成功的商业推广

工具 7

商业推广模板 》》

　　商业推广环节，我们涉及多种传播方式，有5个展示要素，需要我们在各种展示中部分或全部遵循，以提高展示的商业效果。

第8步：
做好团队沟通

―――――

第一章 九步法简介

工具 8

沟通管理工具

　　创业者可以采取 4 种简单易行的方法，直接提高团队工作成效。

第9步：
进入市场

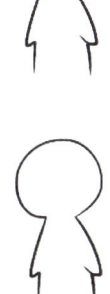

工具9

销售管理工具 >>

  销售人员在做什么？接触的客户是谁？效率和进度如何？哪些项目很重要？哪些受到了阻碍？需要公司给予哪些支持？钱什么时候回来？

显然,"九步创业法"并没有去解决所有运营管理问题,对于创业企业而言,并不需要事事完美,"九步创业法"首先帮助创业者做对以下两件事:(1)正确的需求、客户和产品;(2)尽快进入市场。这两项是创业者靠自身及创业企业内部努力可以完成的。

其次是争取获得融资,管理好既有的团队成员。因为获得融资以及聘用到优秀的员工,这些并不是创业者个人可以控制的,它们受到外部因素的影响。

第二章 创业陷阱

工具 1

九步创业法

第二章 创业陷阱

很多初次创业者都有类似的经历

实际操作，还是茫无头绪

创业者主动积极的听、看、问，都是良好的行为习惯，可是对于未知的领域，或者自身能力的欠缺，即使面对优秀的创业导师，创业者仍可能遇到以下问题：

第一，如何提出正确的问题？创业者可能提出错误的问题。

第二，能否给出完整有效的信息？如果创业者对自己要做的事情一知半解，更不可能令指导者了解你的真实情况。

第三，有没有检验答案的方法？创业者很可能得到多个不同的答案。

所有方法，都是为了解决相应的问题而发明的，"九步创业法"也不例外。那么，"九步创业法"是为了应对哪些创业问题而发明的呢？首先，我们要搞清楚创业者遇到的问题是共性问题吗？表面看，创新者和创业者努力尝试开拓新的业务，行业和商业模式都有差异，这是否意味着：每个创新创业过程所面临的问题都是特殊问题呢？

如果用企业生命周期理论来看待创业期，导致创业陷入困境或者失败的问题，并不是新的，或者说，几十年来，绝大多数创业失败者犯的都是同类型的错误。

例如：错误的折扣价格，导致定价错误的原因可能每个企业并不一样，存在人的素质、技能、经验、信息的完整性等具体差异，但把是否犯了定价错误作为衡量标准，发生的就是共性问题。

我们把创业者不知不觉的犯共性错误，称为坠入创业陷阱，本书要做的，就是帮助创业者事先发现陷阱，避免坠入，或者发生坠入的时候及时警觉，用正确的方法积极应对。

企业生命周期研究，从20世纪50年代就开始了.1989年，美国学者艾迪思出了一本书，叫《企业生命周期》，

第二章 创业陷阱

他的研究进一步把企业发展分为10个阶段，其中孕育期和婴儿期就是本书"九步创业法"所面对的初创期。这个时期企业必须努力保证自身的存活，而出现的问题或者导致失败的原因，主要来自于几个共性问题没有被解决好。例如：产品导向而非市场导向、缺乏现实的计划、在完善产品与进入市场间摇摆、错误定价、现金流断裂、股权设置错误等。

反之，如果创业者能够主动应对这些问题，减少创业损失，成功渡过创业期的机会就会增加。也就是说，问题的发生很难避免，如何及时发现和解决才是关键，这就要求企业积极的通过思考和行动，把不确定性尽可能转化为确定性。

本章创业陷阱，就是事先向创业者揭示创业期的主要特征，使创业者对今后要走的路有一个提前认知。

孕育期：是创业者刚刚形成想法的时期，这时的创业者非常兴奋，认为自己想到了一个很棒的主意，并自我确认，普遍的现象是多数人会主动的热烈的与身边的人交流，畅谈自己的想法多么新颖和充满商业价值！其中优秀的创业者富有责任心，积极的落实自己的想法，他的个人魅力吸引了最初的合伙人或者追随者。好的想法，或者说好的创业项目，会从关注客户需求角度出发，努力探寻客户满意的标准，并由此创造价值，如果产品能够为生活增加意义，那就更好了！

这个时期的创业陷阱，是我们想法不符合市场需求，这个问题没有被发现，或者没有真正解决，有的创业者已经迫不及待的上路了！还有在激情洋溢的气氛中，创业者对前途充满乐观预期，有的创业者慷慨与合伙人或者追随者分享了股权，或者作出了承诺，他没有意识到不是所有成员都会风雨同舟，或者个人能力足以跟上企业的发展需要。还有一些人，希望短期套现，或者对公司业务发展产生无法弥合的分歧，或者对引进新投资者的估值及股权比例变动等提出质疑、不配合等等，使创业者无法继续顺利运营。

　　经过孕育想法的阶段，创业者设立的公司进入婴儿期，婴儿期意味着企业是脆弱的，企业支出每天都在发生，生存是个迫切的问题，这时与沉浸在想法的阶段不同，不可能清闲度日，创业者每天都在行动，超时工作是常态，这种压力让创业者全神贯注，所有心思都在公司上，创业者努力完善产品，核定价格，争取扩大市场，一切公司运转以创业者为中心，大家都在等待他的指令，这时及时决断就显得很重要，创业者的犹豫，就是公司运营节奏的放缓。优秀的创业者会每周关注现金流，并订立现实的商业计划，关注市场的现实。

　　这个时期的陷阱主要在于缺乏事先的财务规划，或收入管理，现金流很快趋于紧张甚至断裂的境地，令创业者措手不及，又或者在进入市场与完善研发间摇摆，没有根据现实做出行动计划，或者急于打开市场而采取了错误的价格策略，实际运营的成本超出了估算。引进的投资人不能与企业同舟共济，在遇到问题时产生严重的分歧并影响企业发展，甚至成为再融资的障碍，例如错误估值、对赌、或者过度亏损后的低价再融资，导致创业者股权过度稀释而丧失责任心。

　　本书的专家们经过梳理，把创业期的种种特征，编制成创业生命周期（初创期），见表2-1，创业者有两个使用这张表的方法：第一，学习对照，问一问自己处在哪个阶段？有没有遇到这个阶段的陷阱？第二，在公司运营中，遇到问题了，认真分析导致这个问题的根源是什么？并判断是否会引发我们的企业坠入陷阱，或者我们已经处于陷阱之中。

表 2-1　　　　　　　　　　　　　　　创业生命周期（初创期）

周期	特点	多数行为	优秀创业者	潜质企业	陷阱
孕育期	梦想	高谈阔论	1. 责任心 2. 凝聚力 3. 全部热情精力投入	1. 满足市场需求 2. 创造附加值 3. 增加生活意义	1. 产品导向而非市场导向 2. 不现实的承诺与后悔 3. 慷慨的股份
婴儿期	生存 行动 销售	完善产品 核定价格 扩大销售 高度集权 管理幼稚	1. 全神贯注 2. 超时工作 3. 关注要事 4. 及时决断	1. 关注以周为单位的现金流 2. 现实的商业计划 3. 尊重现实，围绕销售来稳定产品和核定价格	1. 现金流断裂 2. 缺现实的计划，再完善产品与扩大销售间摇摆 3. 短期贷款长期投资 4. 错误的折扣价格 5. 不能同舟共济的风投 6. 创业者控制权丧失或责任心丧失

下面，我们重点解释 3 个陷阱的具体含义。

"什么叫产品导向而非市场导向？"

创业者专注于产品研发，自认为自己是正确的，只要产品推出，市场一定会接受他的产品，这就是产品导向。

非市场导向，是指产品研发过程没有确定目标客户和真实需求，进入市场的时候因为与客户需求不符，没能成功地被市场接受。

不被市场接受，意味着创业支出持续大于收入，最终导致现金流断裂，创业失败。

记住，我的想法≠客户的想法，创业失败的第一项原因，也是最大原因，就是创业者的想法不符合市场需要。想一想因为无法打开市场局面，却已经进行的投入，账户里还剩下的有限资金，投资人的疑虑和拒绝，我们为什么不主动预防这样的情景发生呢？我们为此是否可以提前做些什么？

本书第三章的ISMA360工具将应对这个问题。

"什么叫缺现实的计划，在完善产品与扩大市场间摇摆？"

例如，两家新成立的创业公司，开始烧钱，其中一家创业公司没有制定清晰的行动计划，创业者和团队都不太确定自己的工作目标究竟是什么，企业总是在犹豫，在变化，到底是加大市场投入呢？还是继续完善产品，再进行市场投入？个别极端的团队朝令夕改，并不清楚当前的工作是否正确，什么是企业未来1年的运营目标，这样的团队就不够现实，还在"想"。

另一个团队规划了自己18个月的运营目标，并分解到每个季度的关键项目目标，例如哪个季度完成专利注册，哪个季度完成包装设计，哪个季度招聘哪些人员，完成哪些外部合作等等。当我们没有达成进度，立即分析具体偏差在哪里？应该如何纠正？这个团队就是现实的，在做。

本书第六章的商业计划书模板，将应对这个问题。

"什么叫短期贷款长期投资？"

多数创业公司资金都是紧张的，需要很好的流动性，不断换回更多的现金，使公司可以生存，并逐步扩大运营。

但是，如果我们把资金投向生产流水线，购买建筑物，购买股权等，这些投入的回报周期往往很长，即使通过抵押贷款等方式变现也不容易。如果业务进展不顺利，规模投入明显超出了业务量，我们就是过早进行了过度的投入，带来经营现金不足的问题。

有些创业公司急于扩充业务规模，增设事业部或者外地机构，快速雇佣人员，但是各地的业务状况并不一致，扩充规模超过了市场增长，犯的也是类似的错误。

本书第五章的运营预测工具，与应对这个问题相关。

第三章

ISMA360

工具2

从想象到逻辑！

第二章"创业陷阱"揭示了创业的种种特征，以及最终导致失败的陷阱所在，从本章开始，我们将在创业过程中，实施主动管理，积极发现和应对创业问题。

创业的第一个阶段是孕育期，一个主要的特征是"梦想"，创业者是富于激情的梦想家！创业者因为"我想……"而开始的创业，这些头脑中新的主意并不一定就是现实，它更多只是"我的"想象。

想象是否真实？是否会把创业者引入陷阱？只有确定了才知道。

所以，用逻辑工具来检验一下我们的想法吧！

这个逻辑工具叫ISMA360，它是"九步创业法"的第二个工具，它的发明人就是本书的作者之一，多米尼克·维昂教授，这个工具用途广泛，包括大中型企业的营销和创新部门等。而本册的作者们专注于将它应用于创业试错，主要应对"产品导向而非市场导向"问题，所以它是一个试错营销工具（本书的用法经过改良，与ISMA360原著略有不同）。

创业初期，我们必须首先验证我们是否正确的为市场进行了创新，然后，才是把正确的事情做好。

如图 3-1 所示，ISMA360 包括了 8 个试错的逻辑，从创业者的主观想法开始，分析它究竟有什么不同，顺次搞清楚我们创新可能发生功用的领域在哪，所产生的关键需求是什么，这些需求的潜在需求者是谁，哪类需求者更为需要我们，是否为其提供了有效的解决方案，需求者是否认同，最终得到客观的事实是什么。

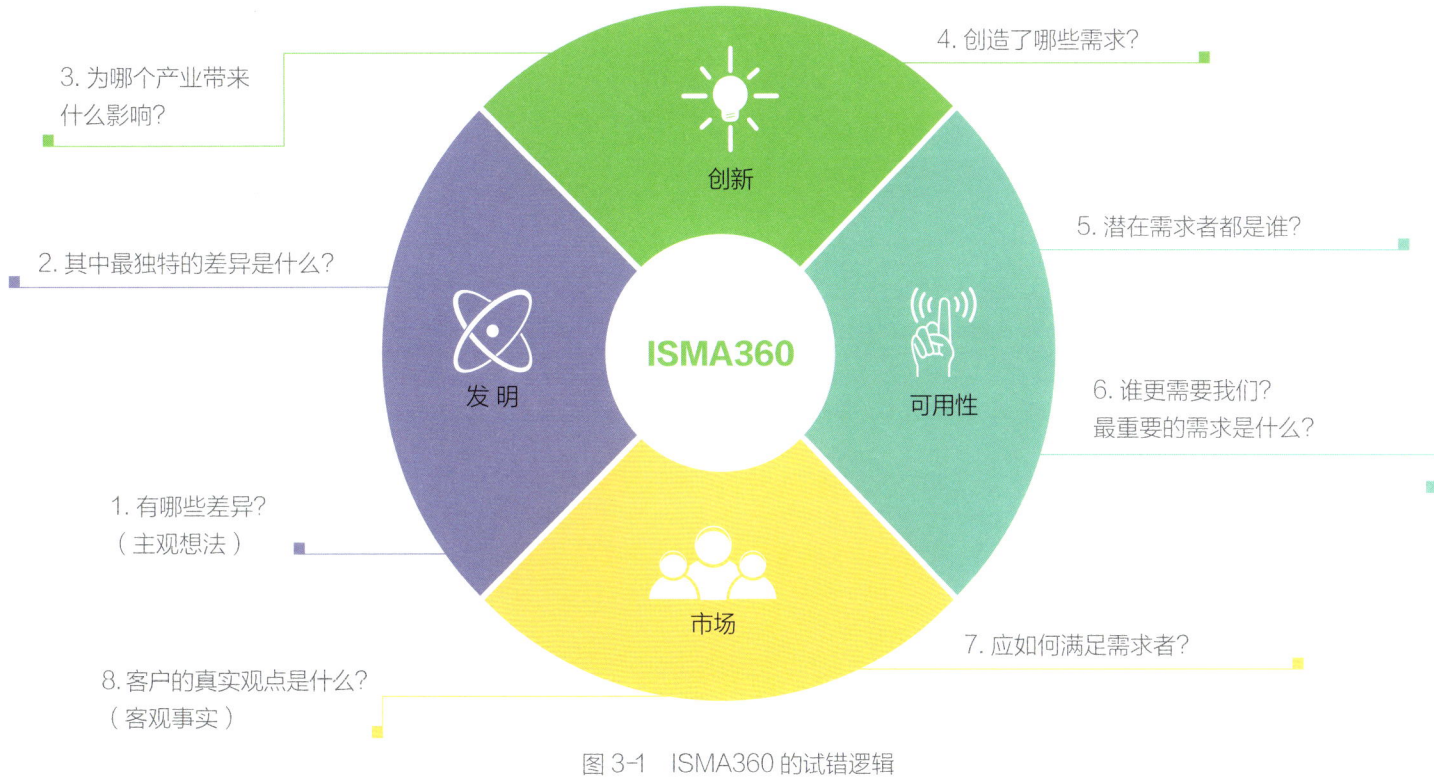

图 3-1 ISMA360 的试错逻辑

你可以把图 3-1 理解为一个精准试错的必经程序。完成它通常需要 1 个下午或 1 周，当然，如果你的想法并不成熟，这个时间就会是 1 个月，甚至更长……

这 8 个逻辑通过 13 个分析步骤得出结论（见表 3-1）。

表 3-1　　ISMA360 的分析步骤

序号	8 个逻辑	13 个分析步骤
1	有哪些差异？	发明特征
2	其中最独特的差异是什么？	核心创新
3	为哪个产业带来了什么影响？	创新领域
3	为哪个产业带来了什么影响？	匹配性验证
4	创造了哪些需求？	关键需求
5	潜在需求者都是谁？	需求者
6	谁更需要我们？ 最重要的需求是什么？	需求度
6	谁更需要我们？ 最重要的需求是什么？	可选择度
6	谁更需要我们？ 最重要的需求是什么？	需求分析汇总
7	应如何满足需求者？	细分需求
7	应如何满足需求者？	解决方案
7	应如何满足需求者？	提议
8	客户的真实观点是什么？	客户验证

发明特征

ISMA360 第 1 步：描述你的发明特征，请用可见可衡量的事实。

发明特征是指你的发明与同类选择的差异，差异就是特征，所以我们也可以称此项为列出差异。例如，当我们区别两个不同人的脸部的时候，我们就会使用脸部特征这个词，这个特征描述可以区别两张不同的脸。

什么是可见可衡量的事实呢？

是指我们描述这个差异所使用的文字内容，是陈述事实的，是数据化的，可用于直接比较差别程度的。例如，我们发明了一个更轻巧、更安全、更美观的设备，更轻巧、更安全、更美观本身是事实，但不可衡量。它们只是一个模糊的概念。如果用体积减小 2/3，重量是 50%，散热效率提高 3 倍，一次成型的外壳体结构，这就是可见可衡量的事实！那么，美丽的花是形容词还是可量化的词？如果用于描述花，就是可量化的，美丽的花可以确指适合作为欣赏主体，而设备美观本身就不具备这样的确指作用。又例如，我们说甲的脸比乙的脸清秀，这就是一个主观的模糊描述，如果用甲的脸是椭圆型的，眉毛是柳叶型的，乙的脸是方形的，眉毛是八字形这类具体描述，就构成可见可衡量的事实。

如果创业者不能用可见可衡量的事实描述其发明特征，那么可以肯定的说，创业者并不确知自己究竟发明了什么！不知道在为了什么去寻找创业机会！下面我们将一起进入一个创业项目，用 ISMA360 来找到答案。（这是个虚构项目，如与现实中的项目雷同纯属意外，请予谅解。）

创业者告诉我们，他发明了一个杂交种子，种下去浇水后，30 分钟就可以开出花（见图 3-2）。这就是他的发明特征，这样描述对吗？

这个描述还不准确，通过这些信息，我们脑海中对他发明的认识还不够完整，我想关于这个图片，我们先尽可能列举一些与差异有关的具体的数据和事实，然后一起讨论哪些属于特征……

（除了 ISMA360 的第 13 步，从现在开始的 1~12 步都是在会议室中完成的。）

会议议题 1：先找出可能成为差异的项目，讨论我们究竟是为了什么去寻找创业机会，以下是讨论过程示例：

成员 A 提问：它是单株植物还是丛生植物？

发明人回答：单株植物。

讨论：这是差异吗？应该是，因为与丛生、乔木等植物形态有差异。好，暂定为差异。

成员 B 提问：它有多高呢？

发明人回答：30cm 高。

讨论：很多花不是这个高度，应该是差异。好，暂定为差异。

成员 A 提问：这个花可以反复生长吗？

发明人回答：不可以，它是一次性种植的，寒冷的季节同样需要在温室种植，这些与我们常见的鲜花没有明显区别。

讨论：好，不是差异，排除。

……

图 3-2　花的案例

通过初步讨论，我们把答案归结，至少可以列出 8 点：

- 单株（有别于丛生、乔木等）；

- 30cm 高（与其他高度的花卉存在差异）；

- 30 分钟生长开花（生长开花速度差异）；

- 橙颜色的花（与白色、蓝色、紫色的花不同，使用场景可能有差异）；

- 2 天浇一次水，很少量（养护上的差异）；

- 花期 10 天左右（由于生长开花很快，因此它既可以适用短周期观赏，也可以通过及时补种获得长周期的观赏）；

- 无刺（除了玫瑰和仙人掌等有限的几种花卉，绝大多数花都没有刺，所以此项差异非常微小）；

- 花直径约 10mm（花径分类提供用途差异）。

上一页的特征描述合格吗？是最终的发明特征吗？

接近合格，但有些内容是同类描述，还可以再合并一下：

- 美丽的花
- 30cm 高
- 30 分钟生长开花
- 2 天浇一次水（少量）

《《《 这就是我们的发明特征
我们将围绕这 4 项特征，分析创业机会

为什么这样合并呢？

单株、橙颜色、花直径约 10cm、10 天花期，都是观赏装饰植物的特性，例如月季、玫瑰、郁金香、太阳花等等，都是以单株、花色鲜艳、较大的花朵，1-2 周花期的特征，并作为观赏陈列的主体，所以可以用美丽的花来合并，虽然郁金香、玫瑰的花径小于 10cm，但是这类花朵在我们的生活习惯中就是美丽的，因此 10cm 不再对观赏主体的美丽构成细分。而满天星这些尺寸的花，多数用于背景装饰，而不是陈列的主体，它们的美丽是存在歧义的，当我们说满天星的特征是美丽的花，就是模糊的，很多以观赏美丽为主的场合就不适用。

而 30cm 高，是一个高度上的细分特征，美丽的花例如月季、某些菊花、海棠花、圣诞花、紫罗兰、太阳花等高度各异，这导致了摆放场景的差异可能，因此，它不能合并进美丽的花，它在美丽中构成差异。

同理，30 分钟生长开花，2 天浇一次水（少量），都可以在美丽的花中构成细分差异。

核心创新

ISMA360 的第 2 步，找出核心创新，也就是发明的独特性。

为什么要寻找发明特征中的独特性？

独特性是指最突出的与众不同之处，例如，一个人左脸部有"T"字型刀疤，这是一个明显差异，仅凭此点就可以轻易的识别他。同理，中小企业最大的竞争优势在于差异化，客户越轻易的识别出这个差异化，对中小企业开展业务越有利。这个差异可以是技术上的，也可以是人员业务能力或者业务资源特征上的，例如地理位置上的便利性以及与之匹配的本地化服务能力、产品设计能力，或者是独特的社会关系，或者是定制化服务，或者是更专注的解决一个细分市场的问题，或者渠道网络资源、充裕的资金等等。

但是对于创业企业，技术创新带来的差异化，是首要的差异化，例如技术创新的成果可能面对一个行业甚至跨行业的领域，技术差异可以形成专利保护。而依托个人的定制服务能力，或者区位近的服务优势、资金雄厚等等，差异化就不够显著。直接的市场渠道网络则是例外，创业本就要建立它才能生存。

因此，不论差异大小，都应该先明确项目的独特性，这个独特性越小，对客户达成交易的影响力就越微弱，也意味着将对创业企业的营销能力、资金实力、市场网络等提出更高的要求。验证创业者自认为的最独特之处是否准确，验证它被客户认同的程度，是创业首先要检验的问题。

回到我们的案例，独特性就是 30 分钟生长开花！这是我们发明中最大的与众不同点：

美丽的花	>>>	同类花卉的共性
30cm 高	>>>	类似的花卉同类中还有
30 分钟生长开花	>>>	**这是独一无二的**
2 天浇一次水（少量）	>>>	类似的花卉同类中还有

　　验证一定是先以最大不同点为核心展开，假如客户连我们最大的不同点都不认同，那么，创业的风险是显而易见的。

请问，你的发明特征和核心创新分别是什么：

发明特征：

核心创新：

创新领域

ISMA360 第 3 步，我们要搞清楚我们核心创新（30 分钟生长开花）到底在哪个背景下发挥功用，这就是我们要寻找并继续验证的创新领域。

功用的意思是指对对象施加的影响或结果，可以用一个动词与一个可见的事实来表达！例如："三星"推出大屏，他的功用是扩大面积，"谷歌"一开始的创新，功用是搜索直接，"王老吉"凉茶的功用是清热。

背景指的是发挥功用的产业对象，例如："三星"扩大面积的对象是触控屏，"谷歌"搜索直接的对象是线上平台，"王老吉"清热的对象是饮料。

现实中，很多创业者舍弃准确地描述功用和背景，直接用产品和具体客户或细分行业来描述自己的创新，这种主观判断正是创业高失败率的原因之一。

产业是可能包含很多细分行业的，所以背景与需求者是不同的。例如，触控屏的需求者可以细分为手机、PAD、电脑、电视、工业控制屏幕、互动多媒体屏幕等多个细分制造行业，每一个需求者还可再细分；饮料也可以细分为很多种更垂直的需求者。所以，背景可能包含了众多不同类型的需求者。读者要避免在这一步直接陷入具体的细分行业或细分客户。如果我们直接越过这一步，就直接进入需求者的讨论（那是本工具的第 6 步），很有可能出现错选、遗漏行业客户的情形。

让我们回到花的案例：

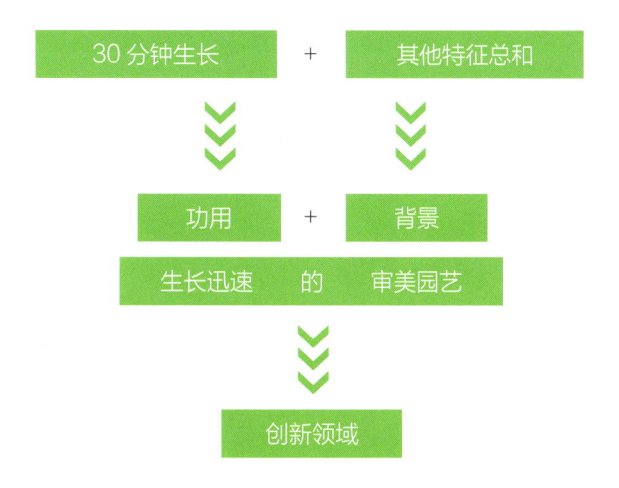

```
    30分钟生长        +        其他特征总和
         ⇓                           ⇓
        功用           +           背景
         生长迅速      的      审美园艺
                        ⇓
                     创新领域
```

生长迅速与开花迅速相比，前者可以包含后者，所以生长快更为重要，而"30分钟生长开花"不仅是快，显然属于更高的速度层级，所以用"迅速"。美丽的花用于审美这个场景，而30cm以及养护方便，可能属于园艺。

读者们可以设想一下，"生长迅速"与"开花迅速"是否意味着不同的商业机会？如果我们专注于"开花迅速"，很容易推断出"庆典、惊喜"类的商业运用场景，而"生长迅速"显然还包括了"谁要缩短生长周期"这一商业机会，两者的不同是显而易见的。

但这只是一个初步的推断，这个创新领域是否推断准确，还需要下一步来检验。

匹配性验证

ISMA360 第 4 步：匹配性验证，是指检查我们的"功用 + 背景"这个假设关系的牢固性，是否存在更大的功用或背景，或者更细的功用或背景？以生长迅速这个功用看，长得快更大的功用是可以增加产量，而农业化的种植需要增加产量，更细的功用是减少种植面积，即用更小的面积可以获得更多的花，比审美园艺更小的背景是私人花园，例如小花圃、阳台、台面等。那么，我们的创新领域究竟是：

功　用　＋　背　景

增加产量 的 农业

生长迅速 的 审美园艺

减小种植面积 的 私人花园

请读者自己可以思考一下，为什么最终牢固的联接属于生长迅速的审美园艺？

关键需求

ISMA360 第 5 步：我们来分析讨论一下，生长迅速这一功用带来了哪些关键需求？

什么是关键需求呢？客户需要我们，一定是因为我们帮助他节约了金钱或者改善物理空间，节省了时间（时间也是一项成本），消减烦恼或痛苦，或者增加了价值等等，这些客户有使用价值的就是关键需求。把功用转化为需求来表述，这是一项重要的营销技能。下面的案例清晰显示了功用与需求的表述是截然不同的，我们的功用之所以有市场价值，是因为这个功用创造了需求，因此需求来源于功用，而不是我们想象的其他方面。例如"三星"大屏的功用是扩大面积，扩大面积带来的关键需求是什么？我们讨论出四项内容（见表 3-2）。

表 3-2 　　　　　　　　　　　　"三星"案例的关键需求

	关键需求
扩大面积	触控准确（标识的扩大带来触控准确）
	视觉欣赏（比小屏幕视觉观看效果好）
	增加硬件空间（配置电池或其它硬件的空间可以增加）
	享受大的外观

回到花的案例，生长迅速这一功用又产生了哪些关键需求呢（见表 3-3）？

表 3-3　　　　　　　　　　　　　　花案例的关键需求

	关键需求
生长迅速	减少传递成本（只运输种子而不是鲜花，鲜花存放还会萎谢）
	减少存储空间（种子在店后仓库可以存放，比鲜花占地小）
	减少人力成本（搬运、养护鲜花都变得简单了）
	可以满足花的急需（要花时不需等待种植或运输）
	享受神奇的现象（迅速生长或准时开花的景象）

到了这一步，相信所有读者都会明白了，显然回答谁需要上述需求，比回答谁需要 30 分钟生长开花的种子更为准确，这就是逻辑 + 量化的作用。

虽然很多创业者都会听到"错判市场需求是创业失败的最大原因之一"，但是，对于创新型创业者，一个更深层次的问题是，我们的创新究竟针对哪些关键需求？并继续检验这些关键需求究竟谁需要？能否产生商业机会？

需求者

ISMA360 第 6 步：讨论谁是我们关键需求的需求者，这些需求者来自于我们的背景中，例如，三星扩大面积的背景是触控屏幕，它的需求者如表 3-4 所示。

表 3-4　　　　　　　　　　　　　　　　　三星案例的需求者

关键需求 \ 需求者	手机	Pad	电视	工业控制	互动多媒体	电脑
触控准确						
加强视觉效果						
增加硬件空间						
享受大的外观						

需求者就是细分市场客户吗？还不是！细分市场客户是在需求者分类中进一步的细分，例如：花的案例，头脑风暴会提出婚庆中介、活动策划、会展公司、企业的公关部门、学校的课堂实验等等是用户，这些就是细分客户，而他们合并起来称为企业需求者。个人作为一类需求者，如果继续进行年龄、性别、收入、偏好等方面的区别，甚至我们可以脑洞大开的想象一个浪漫的求婚场景，在绿色的草地上突然开放出求婚的鲜花图文，那么求爱者就是一个细分客户。如果将细分客户进行地域市场，例如上海、北京，或者年龄市场 30~40 岁，或者性别、收入等，合起来就是细分市场客户。这是在 ISMA360 第 13 步客户验证、商业模式选择、今后的市场策略和营销企划案等环节才需要完善的内容。

回到花的案例，在生长迅速的审美园艺领域，分布着哪些需求者呢？如表 3-5 所示。

表 3-5　　　　　　　　　　　　　　　　花案例的需求者

关键需求＼需求者	花农	中心花园	商场花卉部门	企业\酒店饭店	花店	个人
减少传递成本（运输）						
减少存储空间						
减少人力成本						
可以满足花的急需						
享受神奇的现象						

企业、酒店、饭店等举办活动需要鲜花，那么广告或会展公司呢？他们只是中介服务，属于企业，它的客户仍然是公司、酒店、饭店，一些中大型商场都有专门的花卉部门，中心花园可以代表在公共场所的用花需要者。

最后，ISMA360 在需求分析这个环节，是否需要进行更为细致的关键需求和需求者划分？我们认为不必，那是分析商业模式或者营销企划阶段的事。

请问，你的项目提供了哪些关键需求，需求者是谁？

关键需求 \ 需求者						

第三章　ISMA360

需求度

ISMA360 第 7 步：我们来主观判断一下，需求者对我们提供的关键需求的需求度，它代表了创业者脑海中对市场判断的一个方面。

之所以是主观的，是因为这只代表我们认为的，未必是市场的真实反映，只有先把我们主观想法清晰地呈现出来，才能验证我们的想法与真实市场的差距，发现我们是否错了。

我们用 0-3 代表不同的需求度

3	代表我们主观认为需求强烈
2	代表需求较强烈
1	代表需求一般
0	代表可有可无
N/A	客户根本不需要

然后，在表 3-6 中，与创业团队一起，为每一个需求者对关键需求的需求程度打打分。记住，这是主观的，即"我们认为这是几分"。

三星的案例中，例如手机用户对触控准确的需求很高，可以评价为3，也可以是2，这要团队来评价，表3-6评价同样是主观评价。

表3-6 三星案例的需求度

需求者 关键需求	手机	Pad	电视	工业控制	互动多媒体	电脑
触空准确	3	1	N/A	3	1	1
加强视觉效果	3	2	2	1	2	1
增加硬件空间	3	2	N/A	N/A	N/A	N/A
享受大的外观	2	1	2	N/A	2	1

可选择度

ISMA360 第 8 步：同样，把我们脑海中主观的认为客户的可选择度呈现出来，可选择度反映了我们对市场竞争和替代的主观判断。

- 0 客户毫不犹豫地选择我们（没有替代者供客户选择，我们独一无二）
- 1 客户有较强地选择意愿（有替代者，但我们是有竞争力的）
- 2 客户意愿一般（有很多替代者供客户选择，客户仍有机会考虑我们）
- 3 客户有丰富的选择（客户几乎不会考虑我们，替代选择太多了）
- N/A 此项不适用

如果我们认为客户毫不犹豫的选择我们，意味着我们自认为此项需求是无可替代的，独一无二的；反之，意味着客户有更多选择，我们显得可有可无。

三星的案例中，手机用户对触控准确的需求除了屏幕大、标识大以外，替代选择还有一些，例如屏幕略小的手机也可以扩大标识，或者增加灵敏度，便于触控，所以可选择度为 2，表 3-7 评价同样是主观评价。

表 3-7　　　　　　　　　　　　　　　　三星案例的可选择度

需求者 关键需求	手机	Pad	电视	工业控制	互动多媒体	电脑
触控准确	2	3	N/A	3	3	3
加强视觉效果	1	2	3	2	2	2
增加硬件空间	0	3	N/A	N/A	N/A	N/A
享受大的外观	0	2	3	N/A	3	3

为什么增加硬件空间是 0，享受大的外观选择度也是 0？因为三星拟推出 Note 大屏手机时市场还没有竞争者，是空白市场。

需求分析汇总

ISMA360 第 9 步：两表汇总，称为需求分析汇总。汇总用需求度的评分减去可选择度的评分，即需求分析汇总 = 需求度得分 - 可选择度得分。例如：三星大屏的触控准确需求度是 3，可选择度是 2，两者相减是 1，这就是我们头脑中的市场的量化反映！表 3-8 的结果，反映出扩大屏幕面积只有在手机市场存在机会，既有需求，竞争者也少。同时，手机市场增加硬件空间具有无可替代的关键需求优势（汇总后唯一的 3 分项目），享受大的外观与加强视觉效果可能会吸引需求者，而触控准确没有明显的商业价值，只是小的亮点。

表 3-8　　　　　　　　　　　　三星案例的需求分析汇总

	手机	Pad	电视	工业控制	互动多媒体	电脑	合计
触控准确	1	-2	N/A	0	-2	-2	-5
加强视觉效果	2	0	-1	-1	0	-1	-1
增加硬件空间	3	-1	N/A	N/A	N/A	N/A	2
享受大的外观	2	-1	-1	N/A	-1	-2	-3
合计	8	-4	-2	-1	-3	-5	

表 3-9　　　　　　　　　　　　　　　　花案例的需求分析汇总

	花农	中心花园	商场花卉部门	企业/酒店饭店	花店	个人需求者	合计
减少传递成本	N/A	N/A	3	3	1	N/A	7
减少存储空间	1	2	3	2	1	N/A	9
减少人力成本	-1	1	1	1	N/A	N/A	2
满足花的急需	0	3	2	2	2	3	12
享受魔力现象	N/A	N/A	N/A	N/A	3	3	6
合计	0	6	9	8	7	6	

表 3-9 显示了我们主观的判断：满足花的急需是第一需求，其次是减少存储空间，而最大的需求者群体是商场的花卉部门，其次是企业、酒店、饭店，再次是花店，而且减少传递成本、存储空间和满足花的急需，在 3 分的需求者中具有无可替代的优势。

请问，通过需求汇总，你是如何判断你的市场的：

最重要的关键需求分别是：

最重要的需求者主要是：

细分需求

ISMA360 第 10 步：确定细分需求

关键需求因为对应不同需求者，这些不同的需求者的细分需求可能会不一样，例如，花店对花的急需的细分需求就与花农不同，以下给出部分示例，请读者自己逐一罗列完整（见图 3-3）。

关键需求　　　　　　　　　　　细分需求

满足花的急需 → 在小库房里种植 花店

满足花的急需 → 在温室种植 花农

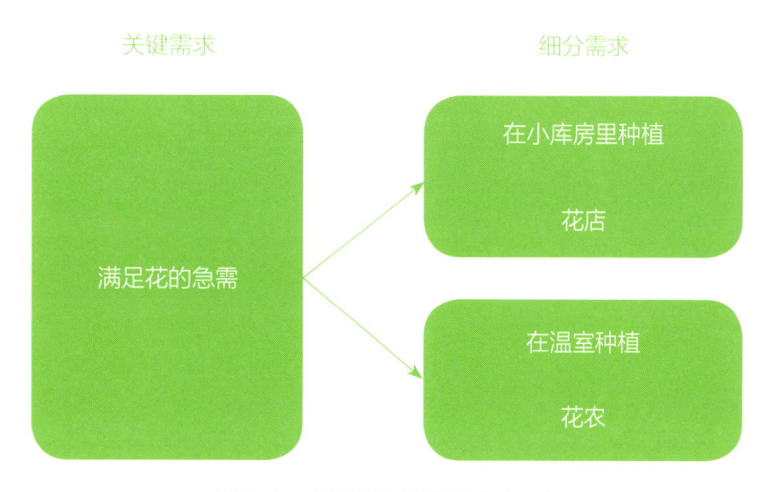

图 3-3　花案例的细分需求（一）

解决方案

ISMA360 第 11 步：寻找解决方案

不同的细分需求可能会不一样，解决方案也可能不同，我们在图 3-4 中给出部分示例。

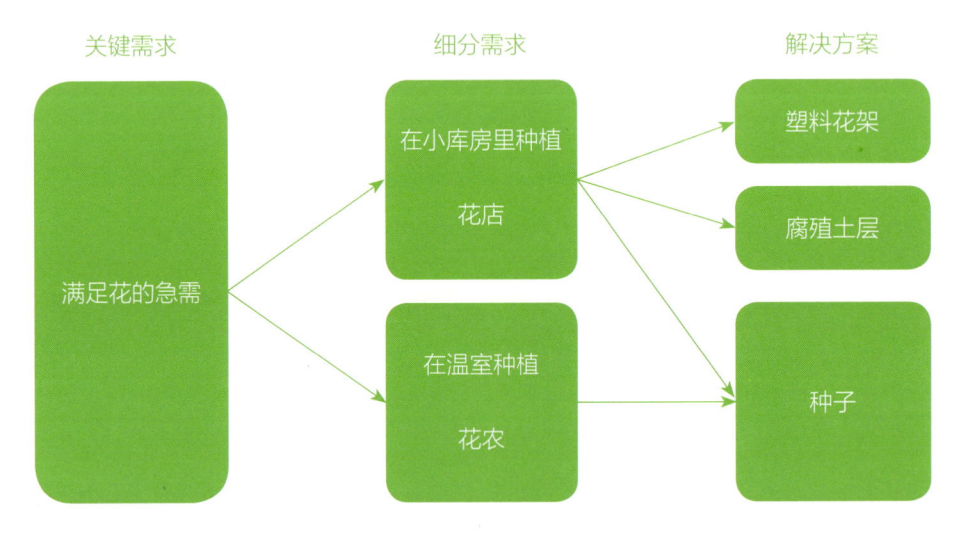

```
关键需求              细分需求              解决方案

                    在小库房里种植         塑料花架
                       花店
满足花的急需                              腐殖土层

                    在温室种植
                       花农              种子
```

图 3-4　花案例的细分需求（二）

提议

ISMA360 第 12 步：提议，是指我们可以向客户提出的需求解决的方式，例如对于花店："对于急需用花的客户，我为您提供这些用于零售的设备组合，还有中大袋包装的种子，您看这个提议如何？"如图 3-5 所示。

关键需求　　　　细分需求　　　　解决方案　　　　提议

满足花的急需 → 在小库房里种植 花店 → 塑料花架 / 腐殖土层 → 用于零售的设备

满足花的急需 → 在温室种植 花农 → 种子 → 中、大袋包装的种子

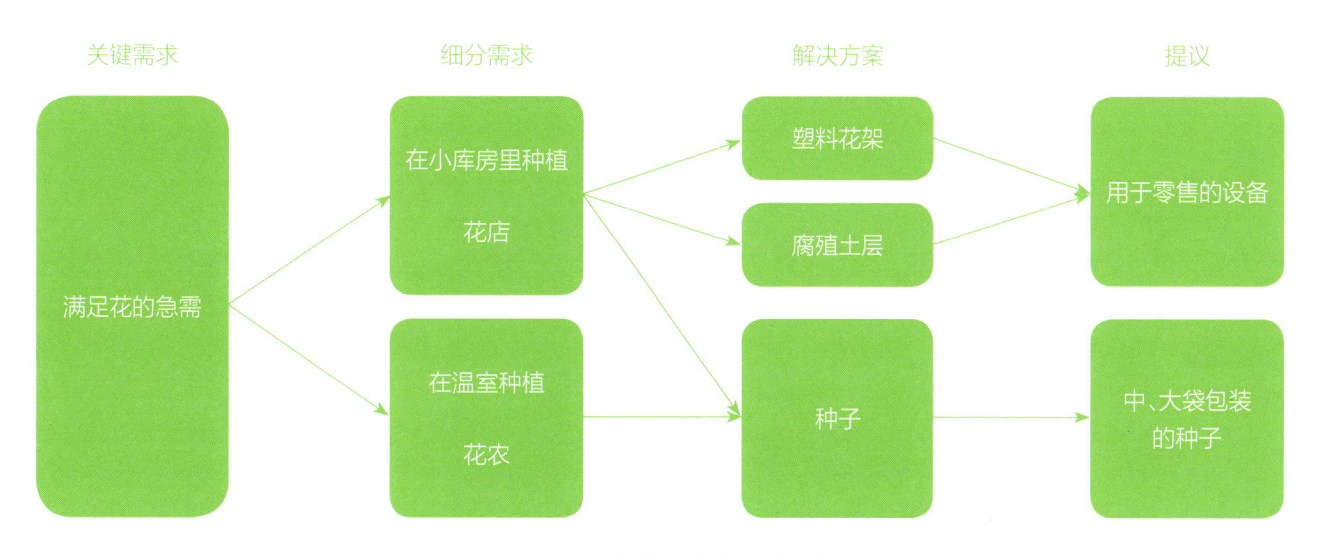

图 3-5　花案例的细分需求（三）

想象！验证！事实！

当我们把解决方案和提议一一罗列，我们仅仅完成了对创新产品的主观想法的呈现，也就是说，我们仅仅搞清楚了我们是怎么想的。即使经过前面的逻辑步骤，只是我们头脑中的想象变得更为清晰而已，我们要找需求者们验证，争取弄清楚事实是什么！

我的想法等于客户的想法吗？到底有多少差距？我们立即开始创业，能得到客户的接受吗？

直接拜访客户，把它搞清楚！

使用ISMA360的一个重要作用，就是使我们可以请客户对一项具体的结果发表看法，这个结果可以直接回答我们的分析逻辑是否成立，或哪个环节出了问题，具体的偏差所在。

市场调研方法主要包括深度访谈法、问卷调查法和焦点小组法等，不论采用哪种方法，ISMA360都为我们的提纲、问卷设计提供了切实的依据。本书的作者们建议，不论面对哪种创业市场，都应至少采用深度访谈法，这有助于创业者深度接触客户，获取更多的行业信息和建议。

客户验证

ISMA360 第 13 步： 客户验证是指直接面对客户，进行提议验证或产品验证。产品是指我们根据提议，继续提出了量化的最小可行产品的方案，最小可行是指我们认为客户接受产品的最低量化标准（不是概念，提议有概念的成分），只要达到这个标准就可以进入市场。

那么，在客户验证环节，我们应该达成哪些目标呢？

第 1 个目标：确认客户是否需要我们？

第 2 个目标：谁最需要我们？

第 3 个目标：我们的产品可以进入市场了吗？还有哪些方面需要改进？

第 4 个目标：了解替代者。

第 5 个目标：如果存在需求，进行交易的相关信息。

第 6 个目标：客户认同的最小可行标准是什么？达到这个标准就可以产生交易？

首先进行的是产品需求验证，也就是先搞清楚客户对我们的提议或者最小可行产品的意见，我们可以从以下四个方面提出问题，倾听并整理客户的反馈，判断他是否需要我们：

不满足度——我们认为的关键需要／解决方案／产品是否满足他的需要？他还有哪些重要需要我们没有满足？这项需要会影响我们进入市场吗？还是我们可以进入市场，之后再考虑完善。

替代者——客户才了解，除了我们他还会有哪些替代选择，他们是谁？他们的情况？什么是他选择替代者的理由，我们跟替代者比较还有哪些不足？

满足过度——我们认为的关键需要／解决方案／产品是否过度满足他的需要，哪些内容不是必须的？

需求量——如果发生交易，价格区间，频次量。

从需求汇总分数最高的客户优先开始吧！

请问，客户反馈的结果是：

不满足度：

满足过度：

替代者：

需求量：

价格区间：

如果客户接受我们的提议或产品，那么，我们就可以进一步提出问题，获取信息，这些信息都与交易相关，目的是搞清楚如何与他们开展业务。

交易方式：

我是直接与你们做生意呢？还是通过中间商？您公司或朋友圈里谁对这个问题最了解？您是否可以帮忙推荐我与他碰个面等等。

如果需要与代理商交易：

走访代理商，他对我们产品的感受？他的渠道覆盖面？他是否会把我们作为一个主要的产品推荐？障碍在哪里？他的利益是否满足？渠道成本？合作可能和方法？他还有哪些要求？

关于电商：

是否需要采用互联网销售模式？咨询互联网销售领域专家。

信息梳理：

目标客户最容易接受哪种方式？考虑到我们的能力和资源，获取业务快速增长的渠道选择是直接做生意，还是通过代理商？谁会非常关注我们的产品？谁最先可能带来第一个100万元交易？谁的业务具有标杆效应，可以快速提升我们的商业信誉？结算价格和方式？

到这里 ISMA360 就告一段落了吗？

我们可以自问一些问题：我们能否初步确定第一个 100 万元（或者一定数量的）客户是谁？与他（或他们）实现交易的最低产品标准是什么？也就是最小可行标准是否清楚？

如果可以满意回答上述问题，我们就有较大把握确认最快换取现金流入（或者客户数量）的可能，为下一步工作找到目标，这个目标就是尽快实现交易。创业初期如果始终没有明确的客户和交易标准是危险的！

现在，关于是否坠入陷阱问题，我们可以问问自己，我们是否已经确定在市场导向而不是产品导向完成了工作，如果我们的答案确定而自信，很大可能已经避开了创业的第一个陷阱，也是最大的陷阱。

ISMA360 除了可以用于创业管理，中大型企业的创新部门同样可以用它来管理创新项目。例如三星，如果手机客户反馈，希望在增加配件功能这个需求上，有增加待机时间、提高摄影专业度、改善音箱效果（不用耳机的时候）的未被满足的需求，那么，企业就可以评估是否发起新的研发项目，然后继续使用 ISMA360 来管理这些新的研发项目，这些新的需求是更为细分的关键需求，但他们不来自于扩大屏幕面积这一现有的技术，它们可能持续为三星带来差异优势。如果其他企业开始介入大屏手机的研发，那么，三星对先发优势的保持就至关重要，这已经超越了本书的范围。

请问，我们的最小可行标准是什么？谁是最早发生交易的 100 万元（或数量）客户：

最小可行：

100 万元客户：

读者也许会提出，如果没有技术创新的企业是否可以使用 ISMA360？

我们前面列举了两个案例，一个是花的案例，它代表了一个原创发明，当我们有技术发明的时候，可以参照这个案例。

我们还举了三星大屏作为案例，当企业对现有产品中进行改良创新的时候，可以参照这个案例。

本书的后记部分，第 122 页，我们将继续展示一个实际的商业案例，来说明非技术研发型企业，同样可以使用 ISMA360。当没有通过技术创新构筑优势，就要在人员能力、企业资源方面寻找差异，例如人员的研发设计能力、营销能力、公关能力、甚至工作响应时间等，又或者资金、市场网络、排他性的授权、设备设施等资源方面。

总之，ISMA360 是一个可广泛运用的创新管理工具，创业项目的试错管理仅仅是它运用的方式之一。

第四章

商 业 模 式

工具 3

如何建立商业模式？

当我们确定了客户是谁，他的需求，提供的产品，我们就要着手建立商业模式。

商业模式包括了创业公司如何让价值产生、传递、获取的三个过程，进入这个阶段，创业者开始勾画整个创业企业的商业雏形。

商业模式不止一种，创业者会面临多项选择。宏大的构想虽然激动人心，但对于小微新企业而言，因为资金、商业能力、市场资源的限制，往往没有太多的选择。

注重现实，如何快速变现，保证生存是首要的！它要尽可能灵活，便于调整。这个过程中，不仅要考虑创业企业自身做什么，不做什么，还要考虑到所有参与者。

而能获得充裕资金的新企业，以及具备商业能力和市场资源的企业，考虑问题的角度会有所不同。

推荐 2 个商业模式工具

如果读者有自己习惯的工具，也可以自行建立商业模式

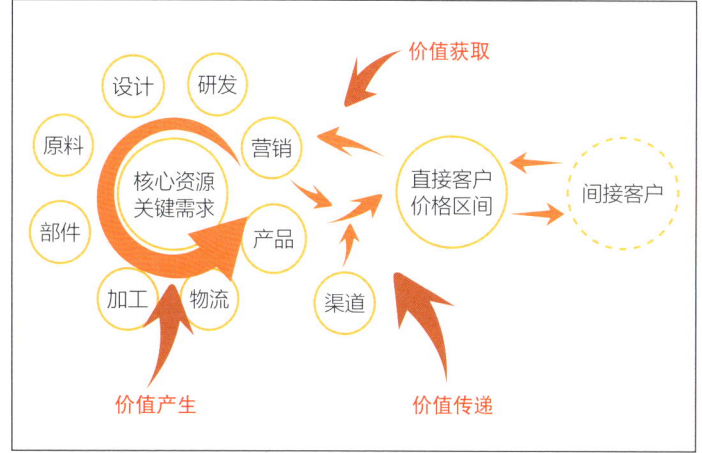

商业模式工具 1

《商业模式新生代》中文版

本书推荐阅读

商业模式工具 2

《商业模式模型》

本书重点解读

商业模式与画布 ISMA360 的关联

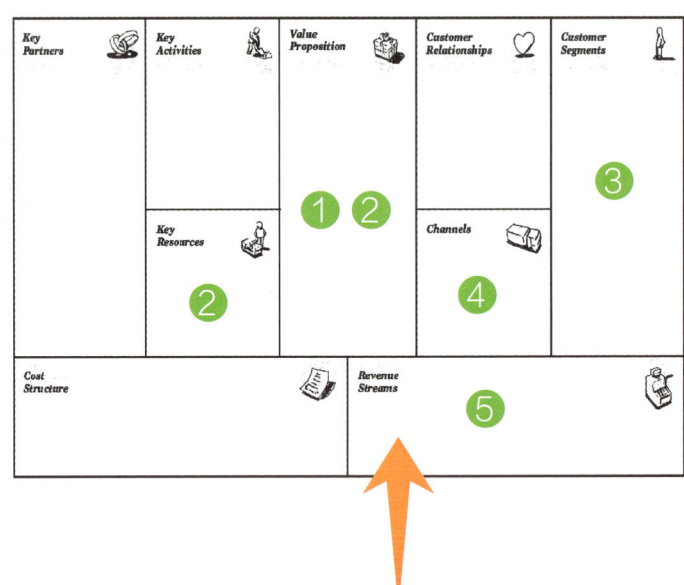

第四章 商业模式 / 九步创业法

ISMA360 为商业模式画布提供了重要的内容！（见右图）这使我们使用商业模式画布的时候，有了新的辅助方法，已经熟悉商业模式画布的读者，可以将两者结合使用。

① 最终产品
② 核心资源及关键需求
③ 主要需求者（1~2 个）
④ 渠道
⑤ 价格区间

70

而本书重点介绍的商业模式工具叫商业模型，来自于本书作者陈思慧和朱福全先生的发明，更为关注商业运营过程，创业者需要尽快将商业运作的节点搞清楚，指导具体的执行，创业者需要快而确定的内容。这个商业模型包括了创业者产出到实现的全循环过程。（如图所示）

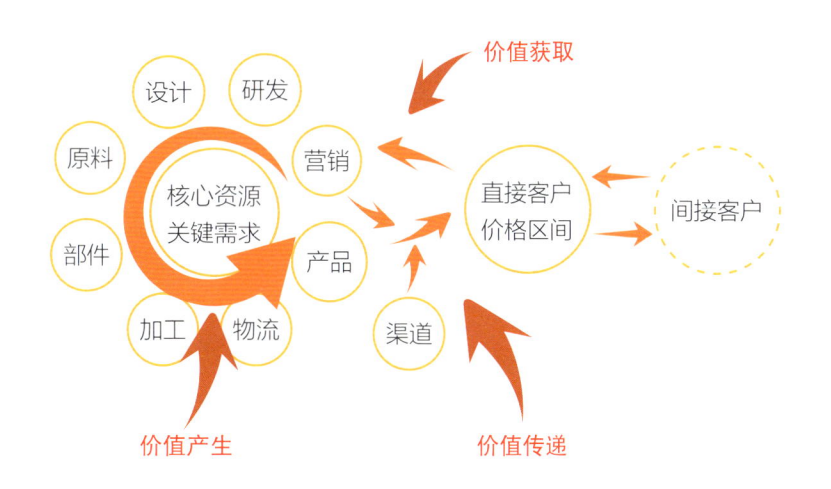

价值获取

设计　研发
原料　　营销
核心资源　　　　直接客户　间接客户
关键需求　　　　价格区间
部件　　产品
加工　物流　渠道

价值产生　　价值传递

建立商业模式首先要明确关键需求和核心资源，因为我们的核心资源能够满足客户的关键需要，基于这两项，我们获得创立企业和生存发展的基础，在竞争中拥有一席之地，一旦它们发生了不利的变化，我们的事业就会受到冲击。因此，我们必须把它们在显著的位置予以标注，时刻提醒我们企业的立基之本！同样，我们要列出目前的直接客户，以及间接客户（如果有），建立商业模式是为了更好的维系他们，获取价值，是我们做什么，不做什么？做出业务项目取舍的思考中心。

我们可能服务于终端客户，也可能不是。一个完整的商业循环从研发设计开始，采购原料，组织零部件或配套设备设施，进行加工组装，形成最终产品（服务也是一种产品），物流提供了全程支持，我们的营销与渠道配合，帮助产品到达直接客户并获得收入。

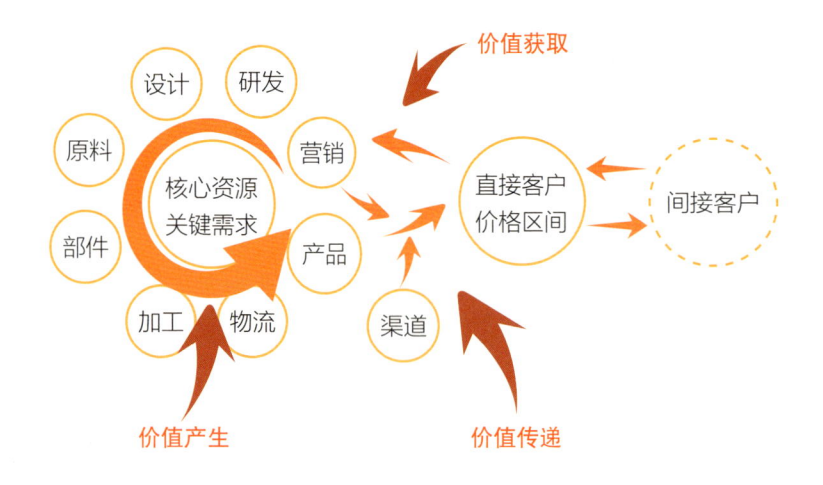

示例：苹果公司是一个善于创新的公司，根据公开信息分析，它拥有很多产品，它早期市场扩张专注于个人电脑，之后开发的 iPod，并配以 iTunes，现在还有 iPhone、App Store 和 iWatch 等。如何用商业模型来表达苹果的商业模式？我们认为，看上去它既有个人智能设备，也有平台业务，而且不是单一平台，它的核心资源是 os/ios、软件平台。关键需求是个人终端智能生态，外包紧密伙伴关系也是一个小的亮点。因此，商业模式如下：

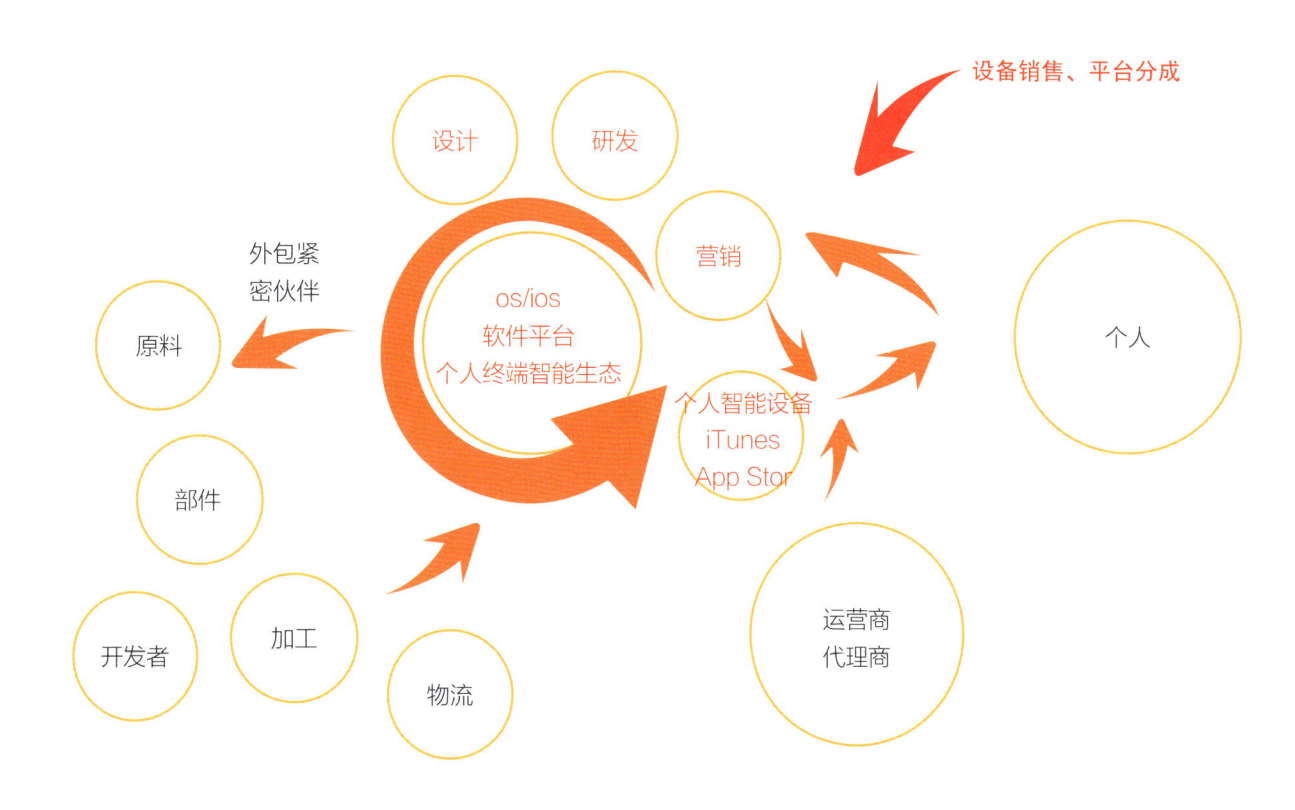

上一页苹果公司的商业模式，让我看到苹果公司的立基之本。一旦苹果公司不能很好地满足个人终端智能生态系统需求，它的存在就会受到冲击。

苹果公司没有做全产业链中的所有环节，它对固定资产投入（土地厂房等）较大和低技能人力资源投入较大的多项业务采取外包，这使苹果公司看上去很轻，很多创业者应该借鉴，尤其是中国的技术型创业者，很习惯自己购买土地、建立厂房，购买机器设备等，这让企业在发展初期就显得沉重，有可能坠入短期贷款长期投资的陷阱。苹果与一般的传统产业公司不同，他首先把硬件和软件进行了叠加，软件虽然也是较传统的产业，苹果却主要专注于操作系统。

另一方面，苹果公司的颠覆性创新是平台业务，是建立在个人智能硬软件基础上的。一端是个人用户，一端是开发者。平台业务需要多对多的需求者，而且两方都愿意进入平台是成功的关键。

苹果公司把几项业务综合，构成了有别于三星等智能硬件企业、微软等操作系统企业、谷歌等互联网平台企业的独特商业模式。但另一方面，苹果公司的硬件、操作系统和平台构成了一个相对封闭的生态，需要同时把多项业务做好，任何一项业务的缺陷都可能构成对整个生态的影响。

ISMA360 已经为我们构建商业模式提供了重要的 6 项内容（见右图的红字部分），包括我们提供的关键需求，它是我们企业得以创立的核心要素之一，我们提供的产品内容、可能的交易渠道、细分客户、交易的价格区间……

接下来需要考虑一些商业模式中的重要问题，将通过花的案例，来展示如何考虑这些问题。

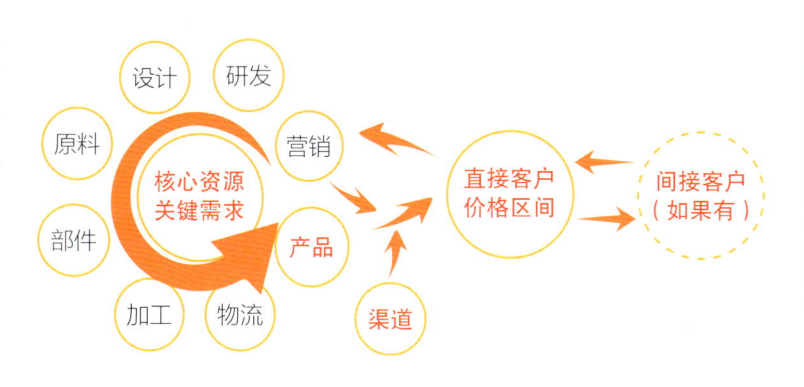

花的案例中，红字部分是通过 ISMA360，我们已经获得的内容，把它们填写进商业模型中，并不意味着我们已经进行了选择，可以全部做，也可以只做其中一部分。究竟把谁作为直接客户？为此，我们在商业循环中做哪些业务，哪些应该交给合作伙伴去做？获取价值的具体形式是什么？这是我们要考虑并做出判断的问题。为什么是做出判断而不是选择呢？除了在考虑过程中，要兼顾我们的商业能力，市场资源，资金，外包的质量和成本等问题，做出选择最好有运营预测数据，那将是下一章的内容。

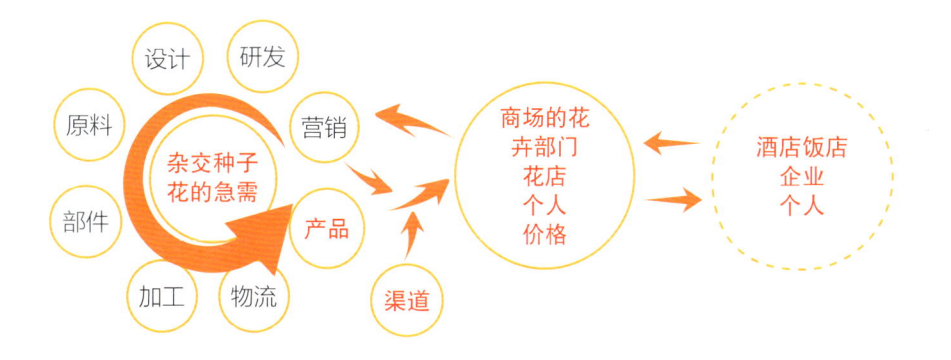

商业模式一　给花农专利授权，获取授权费

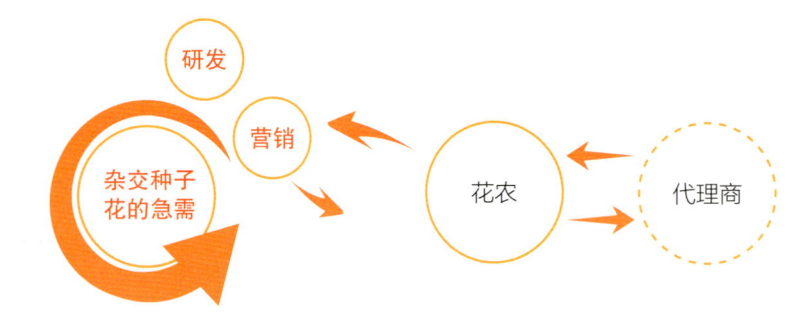

研发
营销
杂交种子花的急需
花农
代理商

这个模式很简单，只要选择一个有生产实力和业务渠道的农场合作，配合做好市场营销即可。

商业模式二　给代理商专利授权，获取授权费

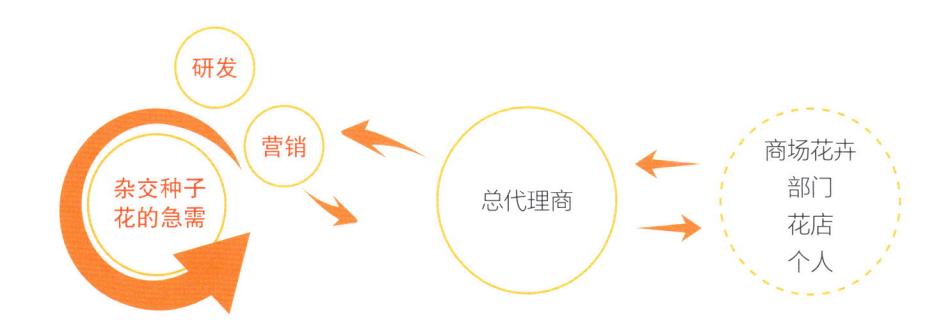

研发
营销
杂交种子花的急需
总代理商
商场花卉部门
花店
个人

　　这个模式同样简单，选择有实力的总代理商，我们在营销参与上比模式一更为直接，也可能不参与任何营销企划工作。

商业模式三　给代理商产品，获取产品销售收入

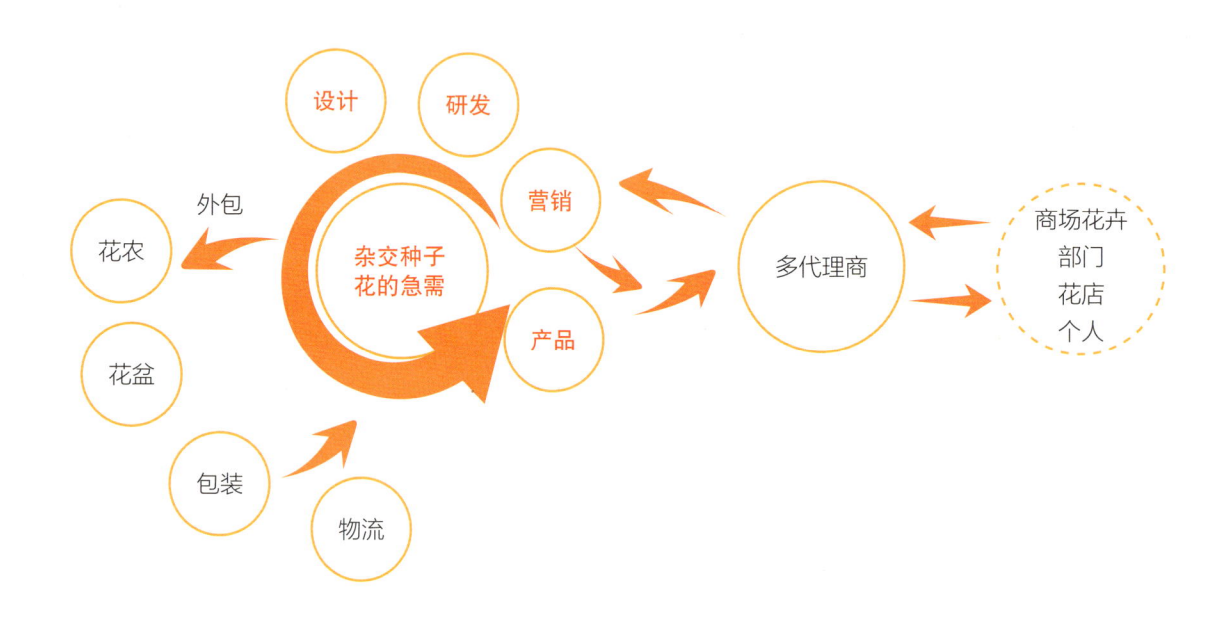

设计　研发

外包　花农

杂交种子花的急需

营销

产品

花盆

包装

物流

多代理商

商场花卉部门
花店
个人

　　这个模式可以增加代理商合作的宽度，例如与各级代理建立直接的关系，这样可以提高产品利润率，同样的，运营投入也大幅增加。

商业模式四　通过互联网，直销到消费者，获取产品销售收入

设计　研发

外包　　　　　营销　　　　酒店
花农　　　杂交种子　　　　饭店
　　　　　花的急需　　　　企业
花盆　　　　　产品　　　　个人

包装　　　　　　　　互联网平台商
物流

这个模式可轻可重，难点在于市场推广。

商业模式五　线下代理，线上直销

把商业模式三和四结合，就是商业模式五，这里需要平衡的是线上和线下的价格体系，同时，如何通过线上终端帮助线下终端扩大业务，平衡利益分配机制，也是一个关键点。

因此，模式五中的线上平台，比模式四更多的具有品牌推广和帮助线下导入客户的作用。

模式五是5个商业模式中，投入最大的一个模式，不只是投入资金大，而且对人员数量、能力和资源网络要求也高。

小　结

　　关于花的创业，我们得到 5 种商业模式。读者也可以根据自己的考虑，提出新的商业模式，哪种模式更合适？这既取决于我们的运营能力与商业资源，例如金钱的资源，商业网络的资源等等。又取决于运营预测的结果。下一章，运营预测将为我们提供选择的重要依据！

　　而进行运营预测之前，我们需要走访市场，这次走访的是我们的合作伙伴，例如外包伙伴，他们是谁？能否完成我们期望的交付质量？外包的条件？结算方式？结算价格？另外还有物流的成本等。

　　渠道成本已经在 ISMA360 的市场走访环节得到了数据。

　　确定这些数据，才能使我们进行运营预测的时候，做到成本估算的基本准确，具有参考价值，帮助我们做出正确决策。

第五章
运营预测

工具4

一个帮助建立企业家思维的工具

用简单的财务方法进行运营预测的重要性在于，它会让你清楚的知道自己可能面临的财务状况，可以挣到钱吗？挣到多少？如果数字不理想，问题出在哪里？如果要完成你的设想，需要多少钱？还缺多少？如果融不足资，会是什么样的结果？

缺乏数据依据的商业选择，要么是经验的直觉，要么是掷骰子。

运营预测与会计记账不同！它比会计记账要简单很多。很多创业者做不好运营预测，根本原因不在于运营预测的专业难度，它一点不难，这项工作可能仅需要 1-2 天，做不好运营预测的原因，在于很多创业者对自己所要从事的商业运作并不了解，很多数据无法提供或者经不起推敲。

如果创业者既缺乏经验，也不愿意认真仔细的评估，那么，未来的不确定性是不言而喻的。对于今后漫长的试错和花费，即使为此请专家咨询，也是值得的啊！

用财务数据来预测结果

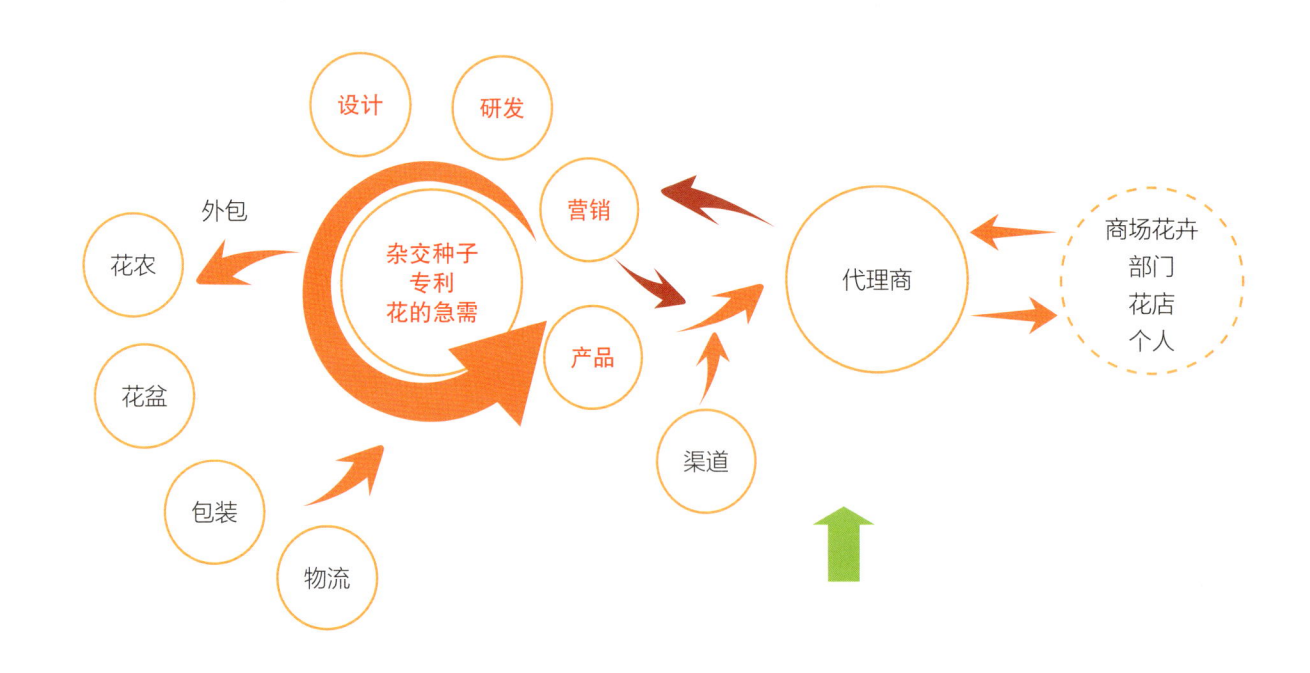

九步创业法　第五章　运营预测

```
        设计    研发
                      
  外包          营销
  花农                    商场花卉
        杂交种子              部门
        专利        代理商   花店
  花盆   花的急需              个人
                产品
                      
  包装          渠道
        物流
```

运营预测把我们价值的生产、传递和获取的所有具体项目进行了数字的量化。当然，如果有懂财务、生产、人事、运营管理的专业人员协助你会更加轻松。

运营预测需要考虑的项目

需要创业者确定的项目：

销售、投资、人员成本、其他投入、融资选择。

需要财务人员确定的项目：

税金计算（流转税）。

需要财务人员或软件解决的项目：

财务编辑、指示器（一种关键运营指标的报表格式）

一个为企业家思维相匹配的工具

> 销售 〉 投资 〉 人员成本 〉 其他投入 〉 税金计算 〉 融资选择 〉 财务编辑 〉 指示器

什么是指示器

指示器反映了企业从开办前到开办第1-5年中每年的运营预测的关键指标（见下表）

	开办前第0年	开办第1年	开办第2年	开办第3年	开办第4年	开办第5年
投资	主要指当年对固定资产投资，包括办公场地装修，办公设备设施，研发设备设施、生产场地、生产及检测所需的设备设施等的投资（每一项投资的折旧、摊销年限，你的财务人员会告诉你，哪些投资是要折旧和摊销的）。					
销售	= 主营业务收入 + 其他收入（不含补贴收入）					
费用	= 投资折旧（摊销）+ 人员成本 + 其他投入 A + 利息 + 税金（流转税）					
税前收益	融资前 = 销售收入 -投资折旧（摊销）- 人员成本 - 其他投入 A -利息 + 补贴收入 -税金（流转税） 融资后 = 融资前 -利息					
年底现金	融资前 = 销售收入 -投资 - 人员成本 - 其他投入 A - 其他投入 B -税金（流转税）+ 补贴收入 融资后 = 融资前 + 股本融资额 + 债务融资额 -利息					
股本						
税前收益 / 销售						
税前收益 / 股本						

绿字部分的解释见下页。

人员成本

管理、研发、销售、生产、行政等公司全体人员的年薪及公司承担的个人所得税费等。

其他投入

投入 A= 营销费用 + 研发成本 + 办公费用 + 生产费用 + 生产成本（原材料、零部件、外加工等）

投入 B= 今年原材料和成品库存年底值 - 去年原材料和成品库存年底值 + 今年应付款年底值（负值）- 去年应付款年底值（负值）- 今年应收款年底值（负值）+ 去年应收款年底值（负值），投入 B 会占用你的运营现金。

这个环节也许需要有生产管理经验、运营经验或营销经验的人帮助你。

其他收入 / 融资

其他收入：如政府补贴收入等非主营业务收入。

融资选择：股本融资额、债务融资额及利息。

我们有价值吗？需要融多少钱？

税前收益 / 销售收入 = 我们在行业中的收益水平

税前收益 / 股本 = 我们给股东的回报率

年底现金 <0 的部分，即为累计到当年的现金缺口

融资额 = 股本融资额 + 债务融资额 - 利息 > 现金缺口（缺口负值累计到最大时的年度数值）

虽然预测只是反映我们的主观想法，但是具体的数字可以为我们的思考提供确定的依据。

对着明确的数据思考：

作为一个新公司，我们随着时间迈进，可以优于同行给股东的回报率吗？

九步创业法

第五章 运营预测

某创业项目运营预测指示器（融资前　单位：元）

	第0年（开办前）	Y1	Y2	Y3	Y4	Y5
投资	2300000	3790000	1129000	1010000	1000000	771000
销售		7300000	14600000	30600000	62000000	100000000
费用	3981372	6926385	13419210	25823159	44549536	66772836
税前收益	-3981372	373615	1180790	4776841	17450464	33227164
年底现金	-6281372	-9231090	-7867967	-2537326	10738854	36660693
股本	-3981372	-3607757	-2426967	2349874	19800338	53027502
税前收益/销售		5.1%	8.1%	15.6%	28.1%	33.2%
税前收益/股本						

在这个真实案例中，创业者需要融资>923万元才能实现目标，预防现金流断裂的风险。创业者曾认为他的发明有很高的产品毛利率，所以企业有巨大的商业价值，而数据事实是，运营费用占比高，导致Y1和Y2年销售毛利率并不高，企业需要超过6000万元年销售额才能突显其在行业中的价值。因此，他要向股权投资人证明，在这个行业中做到6000万元年销售额并不困难。

某创业项目运营预测指示器（融资后 单位：元）

	第0年（开办前）	Y1	Y2	Y3	Y4	Y5
投资	2300000	3790000	1129000	1010000	1000000	771000
销售		7300000	14600000	30600000	62000000	100000000
费用	3981372	6926385	13419210	25823159	44549536	66772836
税前收益	-3981372	373615	1180790	4776841	17450464	33227164
年底现金	3718628	768910	2132033	7462674	20738854	46660693
股本	6018628	6392243	7573033	12349874	29800338	63027502
税前收益/销售		5.1%	8.1%	15.6%	28.1%	33.2%
税前收益/股本		5.8%	15.6%	38.7%	58.6%	52.7%

企业通过1000万元股权融资，避免了现金流断裂的风险，如市场销售顺利，Y1年结束时，企业账上有76.9万元现金。

做出选择

如果我们之前的调研工作细致认真，那么展开的预测过程中，最可能失真的数据就是对今后5年销售结果的预期，时间越长，预测的可靠性越低，并且这是主观数据，创业最大的挑战与魅力，也恰恰在于此！

最终将采用哪种商业模式？达成哪个销售目标？只有创业者可以做出选择，而且必须是创业者做出选择，别人无法代替这项工作！否则将无法有效的被理解和贯彻执行，这个选择决定了创业初期的运营方向！

这种选择是战略性的选择，如果创业者感到自己无法对行业进行把握，可以咨询对这个行业深具经验的产业专家，通过前面4个工具的使用，相信你已经有足够完整的信息提供给产业专家，并提出正确的问题，让他更为准确的为你提供建议。

现在我们可以自问，我们是否在完善产品与进入市场间摇摆不定，还是有了明确而清晰的判断？我们对之后的现金流是否已经有了清晰的数字概念？如果你的答案明确而自信，那么，我们可能绕开了这两个创业陷阱。

第六章 商业计划书

工具5

为谁写商业计划？

当我们确定了商业模式，并且有了销售目标，就要付诸计划！指导之后的行动，向他人展示我们的商业价值，争取支持！

创业者会为书写商业计划而烦恼，似乎我们要告诉别人很多东西，甚至，我们脑中会想象一次精彩的演示，以证明我们的商业价值！

而本章要告诉创业者的是，商业计划首先是为创业者自己而写的，它不需要表现你可以做好很多事，而是证明你在做正确的事，并且可以做好！

如果把从创业陷阱开始到运营预测的四个工具，作为创业者想法验证的阶段，你的角色是创新者，那么，从商业计划书开始，你作为创新者的角色已经开始改变了，你将成为一个商人，或者说职业经理人，你将领导团队，将确定的想法作为目标，付诸行动，并带领公司尽快得以生存。因此，不要放弃任何一个提升你商业能力的机会，而写出合格的商业计划书，就是一个很好的锻炼机会。

本章推荐的商业计划书，要求化繁为简，只有14页PPT，每一页努力做到简洁有力！这将提升你的商业能力，并对今后的行动有益，这个书写过程建议由创业者自己完成，这不止是一项工作，也是一项职业技能的训练：

1. 学会总结并提炼出要点；

2. 建立直击重点、逻辑清晰的思维模式；

3. 锻炼以数据和事实为依据的沟通习惯；

4. 培养行动的目标性和计划性，确定18个月切实可行的行动目标、分阶段目标的工作计划，为今后工作开展和复盘提供明确的依据；

5. 据此去说服他人，尤其是说服投资人，传播和证明自己企业的价值和自身的专业性。

最关键的：好的商业计划书将使你行动不会偏离目标和重点！

14 页 PPT 的商业计划书

一个企业家思维的逻辑结构

- P1. 愿景、使命

- P2. 商业机会

- P3. 解决办法、提议

- P4. 价值主张、客户利益

- P5. 目标市场

- P6. 竞争

- P7. 简化商业模式

- P8. 走向市场战略

- P9. 团队

- P10. 项目历史

- P11. 之后的 18 个月

- P12. 关键数据

- P13. 风险

- P14. 需求

下面我们以花的案例商业模式二做出一个商业计划书的主要内容。

读者可以站在投资人的角度来思考：为什么是这样结构的 14 页？为什么只呈现这些内容？听众会有怎样的反应？

我们的提示是：

投资人可能只给你一次演示的机会，如果他失去兴趣，这个机会很可能就丧失了。

因此，好的商业计划书演示，必须隐含说服投资人的逻辑，步步紧扣，让听者简单明了，轻松跟上我们的内容和节奏，并逐步建立信任。而不是让他在听的过程中不得不自己思考，自己建立逻辑，自己重新组织内容进行判断，分神，产生疑惑，没听懂某个部分，困惑于某个专业内容、认为陈述有虚假或夸张的成分等。

以上内容可归纳如表 6-1 所示：

表 6-1　　　　　　　　　　　　　　商业计划书 PPT 模板

PPT 项目	简单解释	示例
第 1 页 愿景与使命	愿景：我们所处的行业市场及市场地位	成为快速用花领域的标杆企业
	使命：我们专注做什么？为客户和社会带来的利益？	培养和提供杂交种子及销售配套用品，为代理商提供线上线下支持，让消费者在 1 小时内获得鲜花
第 2 页 商业机遇	市场机遇所在，例如有一个什么问题没有解决？	当客户急需鲜花的时候，除了直接购买或提前预定，没有其它解决方案，销售终端提供鲜花储备的直接成本高，还要费人费时养护

续表

PPT 项目	简单解释	示例
第3页 解决方法提议	我们提供的解决方案？为什么比竞争者做的更好？	不提供鲜花，而是30分钟生长开花的杂交种子，及花盆、腐殖土的选择组合。 竞争者没有这样的种子，他们需要事先种植鲜花并运输，销售终端还要维护
第4页 价值主张 客户利益	我们的产品，给客户带来的利益	适合终端销售的产品组合（可配图片） 销售链的所有参与者都会方便并低成本的获得鲜花
第5页 目标市场	客户是谁？规模？增长？竞争的基准？	目标客户是花卉批发商，与我们类似颜色和装饰用途的鲜花市场是年X亿元，没有同样业务的竞争者，我们有望成为这个市场的垄断者
第6页 竞争	我们与谁在竞争市场？关于他们的主要信息，他们可能的反应？	我们在替代与我们生产类似鲜花的农场，他们除了尝试培育杂交种子，只有价格下降，但他们成本高，无法威胁我们的市场
第7页 商业模式	我们是用什么模式来获利的？	我们与各地区鲜花批发市场的总代理合作，为他提供线上支持，从种子及配套产品销售中获得收益（可用商业模型图呈现）
第8页 市场策略	我们将如何进入市场？销售、合作、营销传播、扩张步骤……	①建立网站及供应链 ②上海的线下总代理合作 ③配合他完成营销企划，测试市场销售情况 ④总结经验后，策划建立线上销售平台，并在各省复制线下代理及寻找海外分地区总代理

续表

PPT 项目	简单解释	示例
第9页 团队	我们的核心成员们为什么可以完成我们的商业计划,他们与本项目相关的经验、能力、资源所在	我们的核心成员3人,A是育种专家,与2个农场关系良好,B有12年营销企划和大区销售负责人经历,C有5年的供应链及物流管理工作经历,我们的组合可以很好的实现市场策略
第10页 项目历史	到今天为止重要的里程碑	① X年X月获得植物新品种权 ② X年X月获得上海区总代理合作意向 ③ X年X月与某农场建立生产合作,完成批量育种试验 ④ X年X月,开办企业的20万元资本金到位,企业成立 ⑤ X年X月,B、C两位成员全职加入公司
第11页 之后的18个月	之后18个月的分季度分项目目标是什么?(列表)	每个季度的研发、专利、市场、人员、合作、其他重要目标,例如:1季度研发目标:完成花盆设计及样品,启动包装设计;2季度:完成批量运输包装设计及样品
第12页 运营预测	未来5年的财务结果	见上一章运营预测指示器(可直接呈现图表)
第13页 风险	2~3个重要风险及应对方案?	①市场对新产品的接受度不高,应对方案为……②竞争者发明新种子,应对方案为……
第14页 需求	我们要多少钱,用于哪些项目支出?	资金缺口为220万元,拟占股15%,新的股权结构为……融资用于新成员雇佣及办公费60万元、启动市场的库存及流动资金50万元、营销支出60万元、网站建设及运维20万元,其他50万元

好的商业计划书内容简洁真实,创业者可以继续提炼重点,并美化页面。

完成商业计划书并成功的进行了路演融资，我们即将发展业务，去完成梦想，这时，我们将反问自己，我们是否落入了缺乏现实的行动计划的陷阱？我们下一步的工作项目和工作目标清晰可见？

如果我们对于未来的行动明确而坚定，之后企业只需要照计划去执行，而不是经常出现我该做什么？我们为什么要这么做？我这样做对吗？我的工作进度慢了吗？那么，我们可能没有进入缺乏现实的计划这个陷阱。

为什么只是没有进入，而不是已经绕开了呢？因为商业计划书只是行动蓝本，在执行过程中，不排除我们没有达成计划的时间和目标的可能，当我们出现偏离的时候，我们就要复盘，看看造成延误的原因及对结果的影响，是因为我们落入了某一创业陷阱，还是我们执行力不够，又或者我们的现金是否会出现问题等等。

记住，切实的商业计划意味着企业具有判断自己工作进展好与不好的标准，而好的企业，首先是具有自我评价标准的企业。

第七章

游说内容

工具6

游说的目的

当我们完成了商业计划，将继续向商人或者职业经理人角色转变，要学会如何让更多的人了解我们！最简单的方法就是任何公关场所，任何接触他人的商业机会，创业者都需要努力通过语言影响他人！说服他人！

例如：我们要招募人才、要说服合作伙伴投资，说服合作者支持，要说服客户、要获取资源、要说服执行者抓住重点，这些场合我们都需要使用语言，那么，如何说，如何做，才是卓有成效的呢？

这个行为叫做游说。

本章介绍的游说不是长篇演讲，不是妙趣横生，不是演说现场的技巧，那是留给成功者的，作为创业初期，我们要做的是通过语言，随时随地，让他人快速了解我们的公司，准确注意到我们公司的价值所在！我们希望经过简短的交流，对方会说，哦，很有趣的项目啊，我很想继续了解！这个简短的时间称为电梯时间，在电梯中介绍自己的项目，就是电梯推销。也就是在乘坐电梯的 2 分钟内，你该说些什么影响他人，让他们成功的对你发生兴趣？

电梯推销

120 秒以内,让他们对我们发生强烈的兴趣!

> 多么激动人心啊!!
> 请告诉我更多信息!!

你期望反映的观念应该在乘坐电梯两分钟之内传递完,而不是之后后悔,"哎,我还没有说到重点",或者"我还没有说完"。做好这一点一定是因为我们事先准备充分,而不是即兴发挥。

九步创业法　第七章　游说内容

为了做好电梯销售，我们应该提前准备，这个工作就是做游说模板，也就是把想要传达的内容按照以下形式写下来。

- 告诉他们你是谁（得到关注）。
- 用几句话告诉他们你的公司在做什么（发生兴趣）。
- 告诉他你的公司专注于不断增长的市场是什么。
- 给我们销售的产品/服务/解决办法/基础设施命名，并明确提出我们的独特销售主张（提升兴趣）。
- 和我们主要的竞争对手有什么区别？
- 表明你的简单商业模式，说明它值得投资的原因（激发欲望）。
- 告诉你已经取得的成功。
- 最后，告诉他你的期望是什么。可以请求（具体金额，预约见面，时间，合作关系等。进一步建立关系。）
- 如何填写模板的内容才是正确的？请参考下一页——

如何做好游说？

1. 尽量简洁：简单明了需要大量前期工作，用最少的语言把话说清楚，一个好方法是把内容写下来，然后不断缩短和删除不必要的词语和句子！

2. 没有技术术语：技术是沟通的障碍，任何让客户需要思考，或者产生距离感的内容都必须消除！做到一听就懂！

3. 如果想在陌生场合都游刃有余，只有事先练习！练习！再练习！熟能生巧！（另外，肢体语言、说话的语音节奏等，也能增强游说的效果，有兴趣可以寻找专业读物学习）

4. 几个小时后，投资者只会记得游说 10% 的内容，所以简洁的突出重点非常重要，记住，提供过多的甚至不相关的信息，将影响我们希望客户记住的关键内容！

最后，祝你好运！

第八章

商业推广

工具7

与游说有什么不同？

1. 游说主要是个人肢体动作、语音、语言的沟通；
2. 商业展示更多是通过展示工具进行视觉、语音、文字、嗅觉、体验产品等沟通，把我们期望客户了解的内容传达到客户（见下图）。

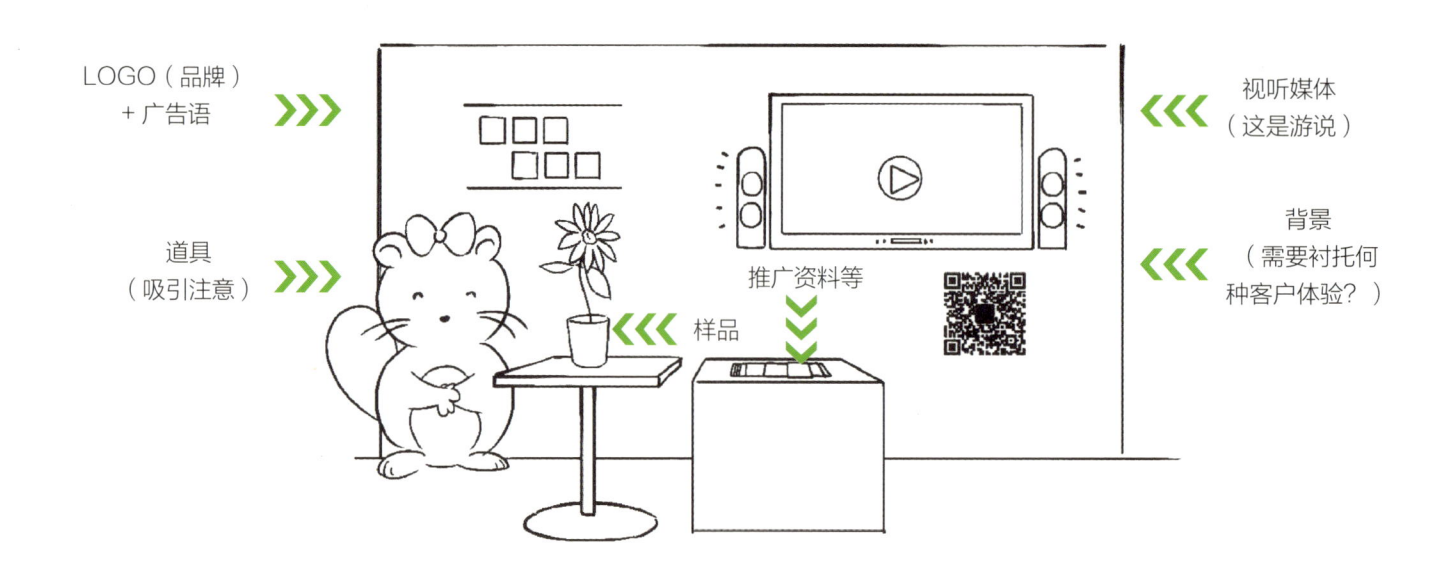

LOGO（品牌）+ 广告语

视听媒体（这是游说）

道具（吸引注意）

背景（需要衬托何种客户体验？）

样品

推广资料等

商业展示最终是为了消除销售障碍

小微企业面临众多的销售障碍，主要是哪些呢？

1. 小企业没有知名度；
2. 缺少前期用户来证明新企业信誉；
3. 小公司存续的风险；
4. 不放心的质量标准及售后服务保障能力；
5. 技术型企业习惯在沟通中使用大量技术语言；
6. 想沟通太多的"优点"来证明自己，反而不真实；
7. 缺乏经验的销售人员。

怎么办呢？首先展示差异！如果客户对我们的差异都不感兴趣，那么继续交流就会困难重重；如果感兴趣，我们才有机会继续沟通，与他建立信任。如何才能正确有效的展示差异？如何通过展示来辅助构建客户信任？这需要技巧——

想克服销售障碍，首先要让客户愿意注意我们，因此，在短暂的接触中，直接让客户分辨出我们是不同的，并意识到这个不同对他有用，吸引他发生兴趣，愿意深入交流下去！

换个角度说，如果拜访客户过后，我们希望客户即使对我们只留下一点点印象，我们也希望客户这个印象是我们与众不同，对他有用！因此任何商业展示都不应该分散客户对重点的注意力！

让客户直接记忆的，首先是广告语：

1. 好的广告语是从客户体验我们产品的角度出发的；
2. 好的广告语简短有力，易读易记；
3. 好的广告语是为了凸显我们产品的与众不同之处。

以上能够符合至少 2 点的，都是好的广告语！

下面的广告语，符合了几点要求？

1. 速生花，30分钟，从种下到开花！
2. ***，一次洗发，没有头屑！
3. 怕上火，喝***！
4. ***，没有咖啡因！
5. 丝般柔滑，***！
6. ***，没有最好，只有更好！
7. 年轻人，新口味！ ***
8. 小即是好！ ***
9. 节电15%，2年收回投资！ ***
10. 更快、更安全、更舒适！ ***

读者请自行判断，上述广告语哪些是可以传达直接的客户体验的？哪些明确表达了我们产品的差异？哪些需要二次或多次解释，客户才能明白与我们交易有什么不同？

下一页，我们将以广告语为核心，示例如何编制企业产品介绍册。

如何在商业展示中消除销售障碍？

（以 B2B 公司介绍册的展示要点为例）

展示内容	目的
***，为您节电15% 2年收回设备成本！	让客户注目关注，直击重点，把最大差异点精准呈现
我们的关键指标 / 竞争者的关键指标	在客户心中，直接树立与竞争标杆的比较，指标差异
我们的专属领域 以特色为主的定位差异	告诉客户，我们是新领域的佼佼者（错位对新进者有利）
专利、数据、奖项、实验或用户事实、专业水准等	客观的向客户证明，我们的差异和整体质量真实可靠
其他能为客户带来价值的点，售后服务及保障等	好的售后保障承诺（或为客户降低交易风险的措施），能够明显提高我们的销售成功率

九步创业法　第八章　商业推广

我们上页展示的形式，使用了 **推广资料5要素**，这5个要素构成了展示内容的重点，并且隐含了吸引注意、发生兴趣、进一步证明、通过事实增加信用、售后承诺进一步消除风险这样的销售逻辑，5个要素的展示是层层深入的，可以如上页的示例依次呈现：

1. 好的广告语，直击客户体验的重点！要让他直接看到和听到！

2. 与知名的竞争者（标杆）放在一起比较，明确指出我们的具体不同点，这个不同意味着我们某一方面做得更好！新企业不要担心比不过知名标杆企业，这个比较有助于把其他竞争者排到你后面；

3. 为上个不同点，提出一个专属于你的新细分领域（以区别于标杆竞争者），在这个新领域中，我们是领先者！明确展示给客户，在他的心智模式中进一步强化我们的差异；

4. 呈现你的专业性和真实性，呈现关键数据和事实，这些材料客观真实，简洁明了，用事实证明自己可以做到，然后，如果我们有其他小的优点，可以在这个环节最后补充，告诉客户，我们还有更多价值；

5. 最后，最好有售后保障的承诺和措施，降低客户交易风险，交易风险是很多中层经理所不愿意承担的，试想谁愿意拿自己的职业为一个新企业冒风险呢？新企业尤其要考虑到这一点！

展示资料的专业性和真实性，是构建客户信任的要素，请创业者务必专业对待这样一份重要资料，它不只是通过美工美化这么简单！

不要急于报价和催促成交，越充分的沟通对新进者越有利，客户了解一个陌生的小微企业，需要时间和事实的证明，可以邀请他来公司或参观我们做过的项目，参观的目的除了增进感情，最重要的是证明我们是可信赖的。

第九章
团队沟通
工具 8

我们的经验

创业初期，沟通方法对创业项目有哪些帮助？创业者究竟应该掌握哪些沟通方法？

调查显示，中国多数创业者采取亲和力很高的、朋友式的团队管理，这与早期团队，尤其是核心成员往往基于社会关系进入到公司有关。但对于留住人才和提升工作效率，寄望亲和力只是一个良好的期望，事实是凝聚力更多与成员对公司商业前景的信心、创业者个人魅力、公司日常行事效率、个人事业选择与公司前景的关联度等关系更大！

个人魅力、商业前景、员工未来都不是依靠自我提升、外部创业辅导、内部沟通等方式可以直接或快速解决的，因此，在创业团队中统一沟通方法的效果要更为简单直接。而沟通方法主要用于提高团队做事效率，减少冲突，巩固团队关系！

我们推荐的沟通方法

团队沟通有很多解决方法，也有很多专业咨询机构擅长培训团队沟通。而我们依据多年的管理咨询经验，认为创业者主要掌握4个简单方法就可以了：

1. 要事第一的检查；

2. 每天1次6~15分钟碰头会；

3. 每周一次的1小时周例会；

4. 1个谈话技能。

要事从哪里来？还记得商业计划书吧，要事首先是围绕商业计划实现的重要的事。

围绕要事第一进行沟通，将带动团队追求效率，记住时间不等人！不但自己要习惯每天花5分钟自检，也要主动培养和询检团队成员是否执行了要事第一原则。

写要事通常包括以下内容：

（1）重要又紧急的事；（2）重要不紧急的事；（3）不重要但紧急的事；（4）不重要不紧急的事；（5）处理要事的明确的时间安排，哪些要事需要占用更多的时间，按要事程度对时间优先分配。

职业管理者的一项重要素质就是经常扫描自己的队伍，目的是看团队成员认为重要的事是否正确，与公司的目标是否一致，是否将主要时间优先集中在完成重要的事，是否拖延安排重要但不紧急的事，否则，我们要立即进行沟通，纠正偏差。

作为创业项目，一旦确定了商业模式和商业计划，就是有了明确的目标，为了尽快实现目标和保证生存，执行的都是具体事务，即使是现金流的管理，也应是以周为单位的，因此，如何利用好团队开会时间，也是很重要的技能，会议时间有效，就可以释放整个团队的其他时间。

所以，我们向创业者推荐三种会议形式：一是短时间、高频率的碰头会；二是每周定期清除问题的周例会；三是用于讨论解决具体问题的工作小组会。这些是我们建议创业者和团队应掌握的会议技能，本章主要介绍创业者应该如何开好前两种会议。

高质量的创业团队会议一定有以下几个特征：

1. 正能量的会议，会议模式有助于避免脱离事实的冲突，增加成员对工作的参与度；

2. 一定知道什么是重要的，什么是不重要的；

3. 用数据说话，使讨论有清楚的标准；

4. 通过持续遵守以上要求，团队成员职业化素质提高了。

碰头会：是指不超过 15 分钟的会议，这么短的接触时间，主要目的是沟通信息，这个环节的信息是指量化工作进展的信息，以及遇到的具体问题的信息：

1. 站着开，坐下来会引起讨论或拖延，人均 2~5 分钟，陈述发生了什么事以及具体的与数据有关的工作成果，这个过程所有人都平均参与了公司事务；

2. 杜绝讨论问题，这只是交流信息的会；

3. 最后提出重要的问题，或需要紧急协调的事务；

4. 问题一定是安排会后解决。

周例会：创业团队会频频遇到需要决策的问题，所以周会一定是用来定期解决重要问题，并为下一周的工作提供明确的目标的会议。会议时间应该控制在 1 小时之内，这样会从时间上督促大家不要跑题。先讲好消息，再讲数据，最后提出重要问题，讨论如何解决，明确下一周的工作重点。

最后一项团队沟通方法是谈话，谈话的对象是有希望的员工。创业者很难给予团队成员物质的激励，股权也是空中楼阁，那么，如何巩固有希望的员工与你之间的关系呢？可以现实的让员工感到你关心他，在切实的关注他的工作？他的成绩？他的特长？这一切只需要有效谈话去传达。我们可以从以下四个点来考虑谈话的内容：

1. 你在做什么，应停止做什么；

2. 你有哪些该做而没做的事；

3. 在做，但可以多做一点；

4. 在做，但可以少做一点。

这只是谈话吗？不，这还代表创业者在适应管理者的角色，从管理角度关注并思考公司最重要的资产——人！这个人更擅长做什么？他有没有发挥他的特长？开始经常表达你对他的关心和指导，这也是一种重要的激励和留住有希望员工的方法。

以上内容可归纳如表 9-1 所示。

表 9-1　　　　　　　　　　　　创业者沟通自评工具

自评事项	是否	如何改善
我清楚什么事重要什么事不重要吗？		
我的团队成员呢？		
我们是否每天都在围绕要事工作？		
我有陷入冗长或没有结果的会议吗？		
我有每天都在关注数据吗？		
我的核心成员有每天用数据沟通的习惯吗？		
我们每周有几次碰头会？		
我们每周定期扫除重要问题吗？		
过去一周我关注过有希望的员工吗？		
我们的对话能起到积极正向的效果吗？		

坚持每周使用自评工具，3 个月后，工作成效会明显改善。

第十章 销售管理

工具 9

关于销售人员管理的建议

缺乏资本和品牌影响力的创业团队，因雇不到合格的销售人员而感到烦恼，但更为重要的是，创业者必须亲自参与销售人员管理，尤其是技术型创业者，要克服接触他人时的"畏惧"与"回避"等心理障碍，主动适应本页的第3、第4条工作，这两条工作将使你在销售管理中注重数据、进度、问题与事实：

1. 请业内销售经理来分享业内销售经验；
2. 请销售培训师来培养销售人员销售技能；
3. 请你的销售人员填好本章建议的四张表；
4. 每周组织销售人员开会，汇报业绩，分享销售经历，提出遇到的问题，共同讨论，设定下一周的目标；
5. 至于如何选择销售人员，你可以百度或者谷歌一下……

表10-1至表10-4为销售管理中适用的表格。

表 10-1　　　　　　　　　　　销售机会维护表

部门：　　　　　　　　　　填表人：　　　　　　　　　填表日期：

客户名称	分区（省、市）	客户来源	所属行业	联系人职务	首次联系时间	最近联系日期	联系频率（次/周）	备注
新挖掘客户									
本周挖掘新客户									

说明：你的销售人员有在跑市场吗？怎么记录他的工作成果？这个表提供了潜在客户拜访记录，这些属于潜在客户范围吗？销售人员有没有拜访没有价值的客户？当客户明确表示（明确的时间、地点和负责人）可以和我们进行更近一步的面谈，就要纳入目标客户管理，请从此表中删除，转入项目销售漏斗表中。

第十章　销售管理

九步创业法

表 10-2　　　　　　　　　　　　　　　项目销售漏斗表

部门：　　　　　　　　　　　　填表人：　　　　　　　　　　　填表日期：

销售阶段	客户名称	所属行业	客户经理	客户经理联系电话	关键需求	预计成交金额	进入本阶段时间	预计签约时间	主要竞争对手
意向									
合计									
立项									
合计									
演示									
合计									
谈判									
合计									
成交									
合计									

说明：帮助你的销售人员明确关键的信息，同时你的公司也可以据此判断工作成果，评估客户价值，看是否对重要客户优先分配资源。每个行业可能的销售阶段会有差异，读者可以自行调整。

表 10-3　　　　　　　　　销售收入预测表

上副表（实现表）							
分类	客户名称	客户经理	产品	合同金额	本期回款（万元）	回款日期	是否合同应收款	竞争对手
预测内已回款项目								
合计								
预测外已回款项目								
合计								

主表							
分类	客户名称	客户经理	产品	合同金额	本期回款（万元）	回款日期	是否合同应收款	竞争对手
保证回款项目（可能性大于90%）								
合计								
有希望回款项目（可能性90%—50%）								
合计								

下副表（未实现表）							
分类	客户名称	客户经理	产品	合同金额	本期回款（万元）	回款日期	是否合同应收款	竞争对手
丢失项目								
合计								
延期项目（未丢失）								
合计								

现金流断裂陷阱？
另外，项目为什会延期？

表 10-4　　　　　　　　　　　　　　　周总结和计划表

客户经理：　　　　　　　　　　部门：　　　　　　　　　　日期：

日期		工作计划				工作总结			
		Call 客（数量）	拜访（客户名称）	其他工作	所需支持	Call 客（数量）	拜访（客户名称）	其他工作	工作总结
周一	上午								
	下午								
周二	上午								
	下午								
周三	上午								
	下午								
周四	上午								
	下午								
周五	上午								
	下午								

九步创业法的 9 个工具演示，到此就告一段落了，我们逐一展示了九步创业法是如何顺次发现创新创业中的问题，以及如何应对的过程。完整的实践整个工具过程，有助于创业者，尤其是技术型创业者，将创业中的不确定性努力转化为确定性，并在这个过程中，使自身转变为适合创业的商业人士，或者职业经理人。

　　创业导师通过学习，同样可以掌握一套完整的创新与创业管理工具，系统的帮助创业者分析和解决创业问题。

　　投资人通过学习，将弥补有些人缺乏企业管理经验的缺陷，为早期项目投后管理提供了系统的分析和发现问题的工具体系，这有助于提高项目管理质量，帮助创业者走上正轨。

　　感谢你的阅读，衷心希望九步创业法为你的事业带来成功！

后记

九步创业法与创业增值服务实务　许勃（投资人）

九步创业法对于创业企业服务来讲，属于一项增值服务。

作为投资人、孵化器的管理者、咨询机构，我们都有帮助企业快速发展的想法，但是，我们当中的多数人，都缺乏创业和企业管理经验，这让我们面对创业者运营管理问题的时候，会有力不从心的犹豫！我们是否应该更多给予企业有价值的帮助？从哪些方面提供帮助？

我在学习九步创业法之前，对企业的帮助仅限于市场资源对接和金融服务，因为这是我的专长。而当企业面临管理问题的时候，我更像是一个倾听者，我无法搞清楚企业面临问题的实质是什么，创业者是否在应对真正的问题！尤其是种子期和天使投资的项目，多数创业者需要来自运营管理方面的辅导，显然他们并不擅长处理这方面的问题，而且，我还担心企业没有用好市场资源，或者滥用金融服务带给企业的资金。消除这个困扰需要力量，因为行动不一致的根源在于对问题的认知大家是不同的。

如何让大家以共同的方式谈问题，帮助创业者做好正确决策，一直是我工作中的困扰，这个力量的源泉在哪里呢？

学习九步创业法以后，我与专家们进一步总结了九步创业法的 5 层用法：

第一层：学完后可以直接上手运用的，是问题归类。当创业者向我倾诉企业运营问题的时候，我会自觉先用创业陷阱来对照，与创业者一起探讨我们是否坠入了创业陷阱，也就是明确问题的类型。有比照的讨论突然让问题变得清晰起来。

第二层：是习惯使用工具，发现模糊之处。一旦确定了陷阱的可能类型，继续使用九步创业法中相应的工具，就可以把问题一层层剖析下去，不断发现我们究竟在哪个节点上是没有把握的？记住，对于一开始缺乏九步创业法经验和行业管理经验的人来说，发现模糊之处比找出问题更为重要，我们需要做的是，对这个模糊之处建议邀请外部专家给予建议，以便创业者应对问题。

第三层：提供经验。当我们使用九步创业法一段时间，并积累了一些行业辅导经验后，我们可以为创业者提供类似问题应对的行业经验。

第四层：引导对问题的应对。如果我们已经积累了足够的行业经验，并自信可以帮助创业者解决一项具体问题，我们所做的仍然是引导他。很多创业者有"固执期"，外力很难立即帮助他解决问题，只有促成他主动认知，才真正有助于问题解决。

第五层：不到万不得已，我们不应直接介入解决问题。万不得已是指项目很好，因为创业者素质或能力问题而放弃实在可惜，作为投资人，只能选择介入。

2016年1月，我与安赢管理的伙伴们接手了一家我们新投资企业的投后管理，这家公司叫北京英诺特生物技术有限公司，以应用研发见长，创业公司缺乏有经验的市场营销团队和渠道网络，有30多种产品，市场销售额徘徊在1 000万元，处于盈亏平衡点附近，企业凝聚力很强，富有责任心，团队都在勤奋地工作。按照以往的做法，我会帮助他们对接市场销售渠道，提供融资安排，这次除了执行同样的操作，通过九步创业法，我还发现了很多原来我不可能关注到的问题。

首先，通过创业陷阱对照，我们发现企业除了显而易见的现金流紧张问题外，企业研发与市场需求之间并没有建立有效的联接机制，在完善产品与进入市场之间形成摇摆，缺乏定价经验。团队成员来自不同企业，工作方法和经验不一致，所以企业的工作量很大，项目多，但并不都是有效的。如何回归简单、有序、有效？要改变这些，首先需要创业者及其团队高效率的完成四件事情。但要做好这四件事并不容易，需要企业家和团队的高度配合。意外的，这家公司的开放度和配合度高的超出所有专家的想象，他们团结在总经理的领导下，积极接受新事物、新方法，这是项目最终成功的关键。

第一件事，首先要帮助企业快速完善进入医院市场的营销能力，尽可能发挥对接进来的渠道价值，聚焦于一个与渠道契合度较高的产品，作为进入渠道的敲门砖，打开医院渠道网络，才能根本上缓解或解决未来 2 年的现金流问题，才能继续对核心产品的研发进行重点的和长期的投入规划，以及进入其他渠道投入较大的产品市场。

第二件事，对于一个年销售额 1 000 万元的企业，在想取得业绩倍增的过程中，定价、营销方案、缺乏经验的销售人员以及部门内和跨部门协调效率同样是一个问题，九步创业法的试错营销工具、团队沟通工具、商业推广和销售管理工具，直接为企业提供了应对方法，现在销售人员通过销售工具在有序的开展业务，所有部门都在使用同样的沟通方法，沟通效率显著改善。团队基因良好的企业，只要给予关键的帮助，他就会取得事半功倍的成果。

第三件事，究竟应该在哪里形成核心创新，使后续业务快速发展获得持续保障？ISMA360 提供了应对工具，我们与企业团队成员一起，通过分析现有的产品和研发能力可能涉及的新产品，除了帮助企业建立了现有产品的定价和营销策略，并将未来研发锁定在 3 个新品之中。最终，来自市场的调研和产业专家的建议，为这 3 个产品的优先次序和取舍提供了判断依据，这个过程，消除了企业未来 3 年发展的不确定性。

第四件事，授人以渔。我们把 ISMA360 工具花了 2 天时间引入企业，市场部门与研发部门有序地结合在共同的工作方法上，企业研发开始更有效率地围绕市场进行。虽然企业并不能一开始把工具用到熟练，但是，这好比为企业植入了基因和程序，我更为关心的是企业继续前进的基础和状态已经不同了。

当然我们还提供了战略、营销、运营方面的服务，它们不在九步创业法的范围内。

想一想过去的会议结果，诸多意见和问题摆在创业者面前，等待他决策的状况，与目前企业确切地知道什么是正确和重要的，团队成员在参与分析讨论的过程中，充分了解了创业者的意图，形成共识，其后围绕共同的目标努力执行好，这是多么不同的结果啊。

另外一个案例，同样来自于2016年1月开始服务的一家企业，这是一个刚成立的初创企业，销售额只有几十万元，创始人有广泛的行业交际，因此面临着多项业务发展方向的选择，创始人从直觉出发，想同时抓住几个领域的市场机会，这时，我们建议创业者坐下来，分析一下我们会不会落入创业陷阱。

ISMA360、商业模式工具、运营预测工具发挥作用，当我们与创业团队梳理出量化指标，并最终通过运营预测提供数据结果的时候，创业团队发现原来对一项业务的盈利预期明显失误了，这不是一项高利润的业务，并存在巨大的运营风险，对企业今后的现金流动性和估值都会产生不利的影响。我多年的经验是，改变创业者固有的观念不是一件容易的事情，这不只是需要为他们提供重要建议，他们往往不容易听信别人的观点，因为这超越了他的经验范围。因此如何帮助创业者完善对事情的认知，进行正确决策，比直接提供建议更为关键。

回顾这些历程，我感到投资项目后，对它未来发展不确定性的担忧减轻了，这就是系统地实施创业管理的成效。显然，九步创业法为企业快速增长提供了新的可能，如果说，过去我的服务帮助企业改善了资源配置，那么，这些案例说明九步创业法帮助企业同时改善了运营能力，企业取得了真正意义上的增值，作为投资人，这样的结果超出了我对项目发展的预期。

ISMA360 案例：欧朗物联硬创空间

ISMA360 章节，我们以花和三星作为案例，展示了完全具有技术创新的企业，和应用技术改良的企业如何使用 ISMA360 来管理创新项目。

下面要介绍的是一家不属于技术研发创新类的服务型企业，它在设立之初，应该如何运用 ISMA360 来完善业务。

欧朗是这家孵化器股东公司的名字，物联硬创空间是指以物联网硬件开发的创业者为服务对象的创业孵化器（以下简称欧朗硬创）。

我们先给读者简单补充一下孵化器行业的基本知识，这个行业一般可以细分为苗圃、孵化器、加速器、科技产业园四个形态。苗圃是指创业者有个想法就可创业的以开放空间为主的服务场所，这里的服务更多的是帮助创业者完善想法，获得天使投资。多数情况下，当创业者融资成功或者正式成立公司，人员雇佣数量增加，就会进入孵化器，孵化器有相对独立的办公室，更完善的商务接待和创业服务，以及资源合作伙伴。有的企业会继续发展成小型公司，需要独立形象或者办公空间无法满足，他们可以选择进入加速器。加速器的服务和资源更多地聚焦于帮助企业快速发展。要在上述三个领域获得成功，一项重要的工作是吸引优质的创业项目，因此创业投资最重要，其次是市场网络、服务能力和其他创业资源。

科技园的规模相对更大一点，例如供行业及相关的中小企业集中在一个区域，资源互补，企业在那里更容易获得发展所需的行业资源。

案例背景：

欧朗硬创没有技术创新，它正在进入的是孵化器行业，这是个服务行业，主要靠孵化器的能力和资源来服务于创业者，提高他们创业的成功率，并从中获取商业价值。

与拥有投资背景的孵化器相比，欧朗硬创并不具有创业者最需要的投资优势，而孵化器产业战略成功的关键要素，是吸引优质客户的能力和资源，并将这个优势转化为持续利润的商业模式，没有投资，意味着对优质项目的吸引力变小。

由于创新创业活动在全球范围的普及，传统的科技创业服务产业链也发生了变化，虽然众创空间（创业苗圃）、专业孵化器、专业加速器、产业园、高新区、集群及商业中心这样的产业载体链条还存在，但众多的进入者已经基于商业利益，重新定义了客户目标、服务链的长度、收益形式。

因此，欧朗硬创除了加强孵化辅导能力之外，是否可以在既有的体系中挖掘潜力，进一步提升能力和资源的价值，吸引优质的合作伙伴和客户，形成进入行业的竞争优势，是本次分析的关键。而作为欧朗硬创的股东，欧朗中国公司（外资企业）具有硬件产业10年的中国生产及本地市场发展经验，聚集了一些产业资源，欧朗集团则是一家法国公司，欧洲是他们的主要市场，这些背景为我们进行分析提供了基础。

ISMA360的作用在于始终有逻辑的量化展示我们的思考过程，让关于我们发展的要素信息始终呈现在眼前，使我们可以针对性的思考和自我完善。

分析的过程是与欧朗硬创的团队以及欧朗中国的管理者一起进行的，我们首先请他们罗列欧朗中国与欧朗硬创的特征（见表11-1），这些特征在我们的提问下，逐一进行了数字的量化。

表 11-1　　　　　　　　　　欧朗硬创空间的量化特征

国际化（多语言、外资企业、欧洲知名度高）
场地（孵展合一，指孵化器和成果展厅合在一起）
现场全设计（现场驻有欧朗中国的研发中心、10人技术团队、+法国近200人的远程技术团队、传感器行业著名的技术专家）
现场打样（现场有一套PCBA设备，可现场制作样品）
技术积木（2个热门行业的技术设计模块，可以解决创业者技术设计的时间，还有更多积木很快会投入运用）
开发设备设施（1个实验室及近100万元的设备和技术软件）
供应商网络（300多个经过欧朗中国多年筛选沉淀的优质供应商，欧朗中国下属的欧翎商贸公司在欧洲贸易为主的领域中的非标件采购的经验和资源）
风投（与外部风险投资机构有合作）
工业用户（超过50家的客户，其中有多家全球500强）
行业辅导（在中国开始创立子公司及10年快速发展的行业经验及数据、创业辅导师、伴随欧朗中国快速成长的内部高管作为行业导师）

除了风险投资机构，其他量化特征反映了欧朗硬创在资源及能力方面的潜力，这些资源是属于欧朗体系的，因此有别于一般合作的外部资源，而它们是否可以构成有价值的差异化特征？

差异化特征是与同行业的孵化器比较，与同行业的孵化器可能合作的行业资源比较。这些差异是否能够构成一个能力与资源的组合，以区别于其他孵化器？

我们把具有组合可能的特征进行标注，然后与欧朗团队评价它们是否构成一项综合的功用。如果单独看每一个功用，市场都可能存在替代者，单独的把一项优势作为核心创新都显得不是那么突出，可是，如果组合在一起呢？我们的替代者可能做到这样直接的资源组合吗？他们的每个资源都是这样高质量的吗？欧朗团队认为行业里组合资源难以做到都是高质量的。因此我们把高质量的特征进行组合，以及类似特征进行合并表述，初步认为这就是欧朗体系带来的核心创新（见表11-2红字部分），这些点是有别于其他的同行。

表 11-2　　　　　　　　　　欧朗硬创空间的核心创新

国际化（多语言、外资企业、欧洲知名度）
场地（孵展合一）
现场全设计 + 打样（提供定制快速，包含技术交流）
——（已合并到上一项）
技术积木 + 开发设备设施（是一个开发平台的一部分，它们也可以包含进上一项，是定制灵活性的组成）
——（已合并到上一项）
供应商网络（300 个经过筛选沉淀的优质供应商，提供优质样品的基础）
风投
工业用户（50+，其中有全球 500 强，提供工业用户市场直接接触的服务）
行业辅导?（行业经验、辅导师、快速成长及标准化的导师经验）

显然，红字部分的组合提供了我们与其他硬件众创空间的差异，而国际化使我们的差异更为吸引欧洲中小企业，容易达成信任，只是考虑到欧洲中小企业的数量可能很少，难以构成核心的客户群体，因此，暂没有将国际化列入红字。行业辅导加了个问号，因为该项服务虽有特点，但不能被客户轻易识别质量差别，构成显著差异。

这些特征是我们的核心创新，我们需要验证的是它们对于谁有重要价值，可否构成欧朗硬创商业模式的核心资源？我们继续通过ISMA360工具找出这些组合特征所带来的功用和功用的背景，这个功用+背景将构成欧朗硬创的创新领域。

这些特征的组合，无一例外来自于欧朗中国的行业能力和资源积累，聚焦在设备设施+技术+工业市场领域。这些行业的能力和资源积累，直观的判断，最重要的功用是帮助他人进入行业，其次是定型快速，再次是开发的设备设施软件等，可以定义为提供工具。

背景可以是众创空间（项目孵化到融资），众创空间+孵化器，众创空间+孵化器+加速器（帮助产业市场的扩张及提升组织能力），显然，延伸到加速器将提供更大的客户宽度、价值，提高客户粘性，越往后的客户越有付费能力。

我们也可以选择以技术和设备设施软件为核心的业务模式，它的功用是定制快速的开发中心，那么它更像是一个附属欧朗的技术服务事业部，这意味着欧朗硬创的公司使命将因此而发生变化，所以先暂时排除。如图11-1所示。

功用 N±1	背景 N±1
进入产业	孵化加速器
定型快速	孵化器
提供工具	硬创空间（创业苗圃）

图 11-1　欧朗硬创空间的创新领域

哪一个联接关系更为牢固呢？创业苗圃的服务期很短，而欧朗的设备设施的功用超越了这个时间，而市场和供应链网络的功用对于加速企业发展也很重要，因此，我们倾向于验证进入产业的孵化加速器的联接。理由是这些核心创新特征属于既有的内部资源，组合它比组合外部资源更为直接和低成本，也是获取外部资源合作的可能的价值筹码。就现有的人员配置和素质而言，不会增加额外的成本负担，对欧朗硬创而言，更多的是考验体系内资源组织和协调能力。如表 11-3 所示。

表 11-3　　　　　　　　　　欧朗硬创空间的关键需求、需求者

功用+背景 创新领域	关键需求＼需求者	海外中小企业	技术创客	模式创客	行业 VC	技术海归	创意自由职业
进入产业的 孵化加速器	市场关系	来自于工业用户 50+（欧朗还没有消费用户的市场资源）					
	减少开发时间	来自于定型快速（含技术工具）					
	开发经验	来自于 10-200 人的技术团队和著名技术专家					
	样品质量	来自于优质的供应商网络					

海外中小企业是指拟来中国发展本地加工或者商业市场的中小企业，进入新市场发展也是一项创业，技术创客指有应用技术开发能力的创业者，模式创客指集中精力做商业模式，而不具备技术开发能力，需要在外部寻找产品或技术的创业者，行业 VC 指投资于智能硬件领域的投资人或机构，技术海归指从海外归国创业的技术型创业者，创意自由职业指有产品外观设计能力，却缺乏技术能力的创业者。

这里也许会出现疑问：为什么"进入产业"作为功用，而没有把"产业辅导"作为需求去表述，例如应对管理问题？还有欧翎商贸的特点是欧洲贸易，它是否为一个市场关系的突出点？

这是两项确实的特征，可以对部分客户起到帮助。但客户是否能够轻易识别和认同是个问题，欧翎商贸虽然独特，贸易量还不大，且以体系内贸易服务为主。因此，我们建议欧朗硬创这两项特征可以在服务项目和营销案中体现，从企业现有的规模、经验而言，还不是显著的特征。

欧朗硬创的团队在所罗列的核心创新是否突出还存在分歧，客观的做法是与市场比，它的量化是否属于显而易见的差异，还是会导致怀疑或分歧？这正是 ISMA360 的价值之一，它让我们可以具体地讨论哪些内容，明确分歧的具体所在，而不是泛泛地说："嗯，我们企业有很多特别之处。"如表 11-4 所示。

那么外部资源的合作是否也可以纳入考虑范围呢？是要纳入，但那是当我们关键需求经过客户验证，他们认同这些进入产业的关键需要后，我们开始要加强资源价值的时候。例如加强产业辅导的内容，可以通过专家合作，机构合作等等，来加强与进入市场重要相关的资源，例如，我们还要加强行业风投和消费市场关系两项，这些加强，属于公司发展策略，而不是既有的突出价值，策略的目的是加强优势，这不属于 ISMA360 的范围。

表 11-4　　　　　　　　　　　　欧朗硬创空间的需求评估

需求者＼关键需求	海外中小企业	技术创客	模式创客	行业VC	技术海归	创意自由职业	合计
市场关系	2/0/2	2/0/2	N/A	?	2/0/2	N/A	6
减少开发时间	3/1/2	2/0/2	3/0/3	?	3/1/2	3/0/3	11
开发经验	2/0/2	2/0/2	N/A	?	2/0/2	N/A	5
样品质量	3/1/2	2/0/2	3/0/3	?	3/1/2	3/0/3	11
合计	8	5	6	?	8	6	

　　ISMA360 量化我们的特征，是要求我们客观诚实，我们不能把自己期望的内容加入，以表现得我们与众不同。ISMA360 首先要解决的是，我们已经具有的最显著的特征是否有市场价值。

　　行业 VC 是指硬件及关联行业的天使投资人和风投公司，他们是否需要关键需求的组合来帮助他们投资后的项目进入市场，快速发展，提升投后管理质量。这里没有单独评价它。如果验证成立，创业企业有需求，那么风投有需求的可能就很大，我们将有机会通过能力与资源的合作与优秀风投结盟互利，而这些风投将可能加强我们的客户吸引力，以及带来消费市场资源。另外，纵向合计 8 分的创业者可能对欧朗的资源更感兴趣。

海外中小企业主要指欧洲新来中国发展业务或寻求中国制造的中小企业，除了我们的知名度、语言等，还有外资企业需要的本地服务，这可以通过外资服务机构合作解决。如表 11-5 至表 11-10 所示。

表 11-5　　　　　　　　　　　　欧朗硬创空间的细分需求（一）

需求者＼关键需求	海外中小企业	技术创客			技术海归	
市场关系	客户名录，提供接触服务					
减少开发时间	打样、设计外包、工具使用					
开发经验	预约、在线社区、场所					
样品质量	材料供应商的小批量供应、供应链服务					

表 11-6　　　　　　　　　欧朗硬创空间的细分需求（二）

关键需求＼需求者			模式创客			
市场关系						
减少开发时间	打样、设计外包、工具使用					
开发经验	预约、在线社区、场所、参与设计概念					
样品质量	材料供应商的小批量供应，供应链服务					

表 11-7　　　　　　　　　欧朗硬创空间的细分需求（三）

关键需求＼需求者						创意自由职业
市场关系						
减少开发时间	打样、技术外包					
开发经验	预约、在线社区、场所、参与设计概念					
样品质量	材料供应商的小批量供应、供应链服务					

表 11-8　　欧朗硬创空间的解决方案及提议

需求者 关键需求	海外中小企业	技术创客	模式创客	行业 VC	技术海归	创意自由职业
市场关系	来自于工业用户 50+ 的市场类型覆盖及用户简介，500 强企业的营销展现，获取市场关系的程序					
减少开发时间	技术经理作为项目经理的定制服务规范与流程，结算方式技术工具档案、亮点的展示（先进性和价值总额）					
开发经验	技术人员在创业咖啡区的自由交流 一些对外部的技术开发工具培训或讲座（市场是否需要）					
样品质量	生产经理负责的规范与流程，是否可以将 3 天作为一个基础标准，关于高质量和善于做难度产品的成果展示，供应链服务					

表 11-9　　　　　　　　　　　　　　欧朗硬创空间的客户验证

关键需求 \ 需求者	海外中小企业	技术创客	模式创客	行业 VC	技术海归	创意自由职业	合计
市场关系							
减少开发时间	寻找客户进行验证，他们对我们差异服务的不满意度、替代者、满足过度、需求量。他们当中是否具有谁成为我们差异服务实现快速发展的样板的可能？							
开发经验	行业天使投资人、VC 投后的困惑是什么？我们是否可以起到作用？							
样品质量	对于支付能力和成本节约的最大受益者是欧洲来中国发展的中国制造的中小企业，其次是中国区市场的企业，它们有没有特殊的渠道可以成为批量客户？							
合计							

通过客户反馈来完善我们的产品或需求评价，找到选择的依据。

表 11-10　　　　　　　　　　　欧朗硬创空间的客户开发渠道

需求者 关键需求	海外中小企业	技术创客	模式创客	行业 VC	技术海归	创意自由职业	合计
市场关系	在中国的欧洲商会，欧洲的行业商会，欧洲的行业展会，苏州工业园区的科技招商中心，行业展会，线上的技术交流社区，联盟，欧朗的商业伙伴，招商中介，在苏州的中科院电子所，与西浦大学的学院合作，专业研讨会，行业投资人和机构，海归社群组织，互联网领域的软件类企业，硬件功能众筹类的线上平台，以硬件为基础的商贸服务类企业（谋求产品转型的）等等。							
减少开发时间	:::
开发经验	:::
样品质量	:::

参考文献

Dominique VIAN. ISMA360®, La Boussole De L'Entrepreneur Innovateur [M].2013

Corporate Lifecycles, Ichak Adises（1989）.

High-tech entrepreneurship, Michel bernasconi, Simon Harris, Mette Moensted（2006）.

The moderating effect of environmetal dynamism on the reationship between entreneur leadership behavior and new venture performance, Michael D.Ensley,Craig L.Pearce,Keith M.Hmieleski（2006）.

Know-How: The 8 skills that separate people who perform from those who don't, Ram charan（2007）.

libre traductionde l'angleis,Read.Sarasvathy et al（2011）.

Championship Behaviors and Innovations Success:An Empirical Invwstigation of University Spin-Offs, Achim Walter, K.Parboteeah, Felix Riesenhuber, Martin Hoegl（2011）.

Entrepreneur's improvisational Behavior and firm performance: A study of dispositional and environmental moderators, Keith M.Hmieleski, Andrew C.Corbett, Robert A.Baron（2013）.

Business Model Generation, Alexander Osterwalder, Yves Pigneur（2010）.

The Seven Habits of Highly Effective People, Stephen Covey（1989）.

Death by Meeting, Patrick Lencioni（2004）.

屈云波.营销方法[M].北京：企业管理出版社，2008.

[美]杰弗里·蒂蒙斯，小斯蒂芬·斯皮内利.周伟民，吕长春译.创业学[M].北京：人民邮电出版社，2016.

感谢你的阅读,衷心希望

九步创业法为你的事业带来成功!